多文化「共創」社会入門

移民・難民とともに暮らし、互いに学ぶ社会へ

Multicultural Synergy

Conceptual Challenges and Practical Solutions in the Age of Global Migration

edited by Koichi Koizumi and Chizuko Kawamura

小泉康一
川村千鶴子
編著

慶應義塾大学出版会

まえがき

人は、ホモ・ロクエンス（言葉を使う存在）として生まれてくる。人と人の間を生きるということは、他者の存在を知りつつ、対話を通して信頼を生み出し、相互理解を深めていくことではないだろうか。多文化社会の魅力は、「対話力」の蓄積であり、「対話力」が生み出す新たなエネルギーが、日本における内発的な社会統合政策を創出する。

ロシアの言語学者ミハイル・バフチン（Mikhail Bakhtin）は、対話とは、文化的衝撃からくる摩擦や葛藤を創造性に変えるものと捉えた。対話は、摩擦や葛藤を正面から見据え、それらに耐え、多様な他者と向き合うことから始まる。相互に向き合う勇気をもち、自己と他者の変革を引き起こす創造性をもつことが「対話的能動性」であると定義したのである。

本書の目的は、「対話的能動性」を相互に引き出しながら、移民や難民とともに生きる多文化社会の現実を知り、課題を発見し、問題解決の道を模索することにある。多文化共生からより広いネットワークをもつ能動的な実践力を発揮する「多文化共創社会」の実現を目指している。

魅力ある対話の成立には、テーマがあり、対話の相手、そしてリテラシーの共有という三つの条件が必要である。「人の移動と多文化共創」という移民と難民の受容の実態を知り、難解で抗しがたいテーマを多様な読者の皆さんと共有し、取り組むことが第一の条件となる。本書のページをめくると、基礎的知識が提供されるとともに、議論のテーマ

（ディスカッション・タイム）が示され、対話を通して複眼的思考力を伸ばすことを可能にしている。何が正解なのか分からない問いかけもある。立場が違えば考え方も違うことに気づくだろう。

第二に、移民や難民という異なる背景をもつ相手、すなわち他者の存在があり、彼らとの対話が大切である。その切り口をつかむために、本書ではそれぞれの分野で、最も経験豊かで対話力のある専門家に執筆をお願いした。嬉しいことに本書の執筆陣は、移民・難民とともに暮らすために、ともに学び、より良い理解と実践を重ね、課題を発見し、問題解決に向けて大いに対話するための基礎知識を提供してくださっている。

第三の対話の条件が、キーワードを共有していることである。本書には、重要なキーワードが分かりやすく明示してある。キーワード自体が、グローバルに流通し、多義的であり、国や民族によって解釈の違いがあることも多々ある。そんな悩ましい事情もお伝えしながら移民・難民とともに生きる社会を考えてみたい。

本書は、「対話の呼び水」である。読者と対話することが目的であり、下段の空欄には、皆さんの考えやメモを記入してフルに活用していただきたい。

「社会統合政策」のビジョンは、いまやあらゆる人のテーマであり、一部の政治家や専門家が考えればよいといった外交的テーマではない。

日本政府は、これまで「移民」という言葉を避けてきたが、移民・難民はすでに私たちの眼の前にいる。ともに暮らしている友人でもある。内発的な社会統合政策について議論し、制度的インフラを整えることは、最も今日的な意義がある。

私たちは、移民や難民とともに生きている。外国籍住民の数は230万人を超えた。日本は、2005年までにインドシナ難民を1万1319人、2015年末までに条約難民を660人、そして第三国定住難民を24家族105人受け入れてきた。それらの難民の方々のなかには、大地震の折に被災地へ出向き、救済に汗を流した方もいる。国家試験に合格し、医師や看護師として医療分野で活躍している方もいる。このように、大学の教員となったり、医療通訳者として活躍する留学生や難民の方もいる。

彼らは生活者であり、隣人であり、友人であり、時には身内でもある。本書が強調していることの一つは、「日本人」とは、さまざまなルーツとルートをもつ多様な人々によって構成されていることである。沖縄の人々もアイヌの人々も、日本国籍を取得した人々も日本人であることは言うまでもない。なかには日本語が全くしゃべれない日本国籍者もいる。そうした見えにくい人々の統計をとって分析する努力が求められている。

ＥＵの統合政策（integration policy）は、多様性を活力と捉え、移民・難民とホスト社会の双方が歩み寄り、相互の権利と義務を保障しようとしてきた。１９９５年以降、ＥＵ加盟諸国では、「シェンゲン協定」の発効によって、域内での国境のパスポート・コントロールが廃止された。国境の壁を取り去り、１９９７年以降ＥＵ共通の移民政策の基礎が徐々に構築されてきたと言えよう。

イギリスは、反人種差別や多文化教育に力を入れてきたが、移民・難民の増加とムスリムとの統合政策には疑問が投げかけられ、２０１１年、キャメロン首相が「多文化主義は失敗であった」と公言している。折しも２０１６年６月23日、イギリスが国民投票によって欧州連合（ＥＵ）からの離脱を選んだ衝撃は世界経済を揺るがした。移民・難民への排他性を露わにした発言もあった。

いまこそ、全世界が多様性への寛容さについて語り合う時代を迎えている。世界の移民・難民をめぐる課題は、深刻な困難と矛盾を抱え、格差社会においてさまざまな言説が飛び交い、複雑さと冷酷さを増している。イギリスが離脱後も、欧州市民権は、ＥＵ域内を自由に移動でき、教育・医療・社会保障を受ける権利を有する制度にもかかわらず、その一方で差別され疎外感をもっている人々も増加している。

学生たちは、世界を揺るがす中東複合危機と言われる中東における紛争、それにホームグロウンテロリストの存在、難民の移動に介在する密輸ブローカーの問題、特定の民族の尊厳を傷つけるヘイトスピーチなどについても話し合ってきた。日本では、外国人技能実習生のうち5803人（2015年）が失踪後、就労目的の難民申請を行うケースもあり、庇護申請の濫用とも思われる事件の摘発が増えたというニュースもあった。本当に庇護を必要とする難民が、保護されていないのだろうか。解決しなければならない移民政策と難民政策の課題が置き去りになっていることに気づかされる。

平成生まれの学生たちは、多文化・多言語にもまれて成長しており、多元価値社会に生きるアイデンティティの獲得に敏感である。大学は、積極的にカリキュラム改革を行い、対話的能動性と複眼的思考能力を培う授業を展開できる教育環境を整えていかねばならない。また多くの自治体職員の方々も、多文化・多言語の実態を調査し、医療機関・企業・大学・日本語学校などと連携しより能動的な「共創」の気概をもっておられる。

本書は、多文化共創アクティブ・ラーニングを目指す学びのテキストでもあり、対話の源泉となる読み物でもある。

第1部は、移民・難民理解への導入部として、学びの多様性と多文化共創能力、多文化と医療に着目し、妊婦と助産師との対話、医師と患者との対話の重要性、健康保険証のない人々の医療へのアクセス、多文化家族と地域社会、外国人集住地域での日本語教育の重要性が実践研究者から提起される。「国民形成」の教育と言ったときの「国民」は、よりグローバルな市民形成を目指す教育の時代を迎えていることが分かる。

移民の包摂とは、労働力の補充を指すのだろうか。接触領域は、ライフステージによって多様な適応能力を必要としている。エスニック・マイノリティへの配慮や権利保障を念頭に置き、「出入国管理及び難民認定法（入管法）」だけを見直すのでなく、妊娠・出産・保育・就学・就労・結婚・離婚・帰化・介護・高齢化など、生身の人間のライフサイクルに沿って考えていくことが重要である。さらに移民の二世、三世、四世の時代を迎え、世代間サイクルの視点も重視し、日本はいま、きちんとした移民政策や難民政策を示す転換期にある。

第2部は、多文化「共創」型まちづくりへの基礎知識として、エスニック・コミュニティの実態と行政と市民との連携、企業の社会貢献活動（CSR）とダイバーシティ・マネジメント（多様性の尊重）が重視されている。日本における移民政策の不在と矛盾、難民政策への課題と提言、エスニシティの解放に向けて、マジョリティ・マイノリティ関係の再認識を提起し、人の移動と外国人の実質的な市民権を考察する。ぜひともディスカッション・タイムに参加してほしい。いかにして多様性を尊重しつつ安全を確保し、幸福度の高い共創社会を実現するかという発想の転換につながるからである。

第3部では、人の移動から世界を読み解くことに挑戦してみよう。複合する危機を捉え、国際変化に対応した人々はどのように動いてきたのか。世界は人々をどのように守ってきたのか。国籍とは何か。無国籍とは何か。無国籍の人々の削減と防止には何をしたらよいのか、悩み、考えてみよう。無国籍を生み出す原因として、国籍法への抵触や領土を含む領域の変更・移譲、政府による国籍の恣意的な剝奪、出生登録制度の不備などが指摘されている。なかでも、民族やジェンダーなどに基づく差別が、多くの無国籍者を生み出している。このように第3部には、知らなかった世界の現実が映し出され、まさに移民と難民の歴史を実感することができる貴重な学びが詰まっている。

第4部は、21世紀の課題である国際移動と難民について理解をより深めてみたい。世界中で国境管理が進み、難民の受け入れをめぐり規制が強まっていることは、新聞やテレビで知っているかもしれない。どうしたら人権を守ることができるのか。それは、決して日本社会と無縁のことではない。さらに、学生たちが一番驚くことは、難民を受け入れているのは、欧米地域など先進諸国だと思っていたのが、実はトルコ、パキスタンやソマリアなどの開発途上国だということである。それらの地域では、いま何が起きているのか、その実態を知ることができるニュースが入ってこない。国内避難民と滞留難民の状況はどうなっているのか。ＥＵは、多様性のなかの統合を掲げてきたが、現実は厳しく、難民流入に揺れるＥＵの今後の移民・難民政策、社会統合の方向性をどのように理解したらよいのか、もっと突っ込んだ議論がしたい。移動せざるをえない人々の精神面でのケアも重要である。そして「人道主義」とは何か。これら21世紀の重要課題を、同じ地球の仲間として一緒に考えてみようではないか。

２０１６年5月、オバマ大統領は、広島平和記念公園を訪れ、原爆投下の犠牲者を慰霊し、被爆者と肩を抱き合って対話した。対話から新しい信頼の関係性が生まれる。

また２０１６年8月には、すべての人に基礎教育が保障される社会を目指して「基礎教育保障学会」が設立された。そして10月には、政策担当者、研究者・実践者が集う世界最大規模の「国際メトロポリス会議２０１６」が、アジアで初めて名古屋国際会議場で開催される。アジアが中心となって「多文化共創」の蓄積と英知を発信する機会として注目される。

さらに日本政府は２０１７年から5年間で最大１５０人のシリア難民を留学生として受け入れる方針を発表した。アジアにおいてマレーシアに次いで2か国目にシリア難民の継続的な受け入れを表明し、人道危機に対する「責任の分担」への新たな一歩を踏み出そうとしている。

日本政府は、「移民」という言葉を避けながらも、日本の多文化「共創」社会を支えている実践者の声に耳を傾けている。そして、約8割が外国系生徒となっている夜間中学の拡充と新設を実現すべく夜間中学支援法の立法化を検討し始めている。介護の在留資格の新設も検討された。そして、厚生労働省は、医療の国際化と医療通訳の養成にも積極的に取り組むべきであることを認識している。つまり、いま日本は国を挙げて、内発的な多文化「共創」を実現させる好機を迎えているのである。

２０１６年から18歳、19歳（約２２０万人）が選挙権をもち、政治に参加している。彼らは多文化・多言語環境にもまれながら成長し、対話力と多文化共創能力に優れた世代である。グローバル化のうねりと少子高齢化という現実は、移民の受け入れが日本の検討課題であることを示唆しており、ぜひ政治参加を契機に一人ひとりが大いに議論することを期待したい。私たちはいま不確実な時代を生きている。

本書が新しい「対話の呼び水」となれば、幸いである。対話的能動性を引き起こし、多文化共創の実践がやがて内発的な移民政策への一助となれば、執筆者一同、望外の喜びである。

2016年9月

川村　千鶴子

●ディスカッション・タイム●

じょうろから対話の呼び水が注がれている。多文化共創社会と権利保障の概念を肥やす肥料とは何だろう？

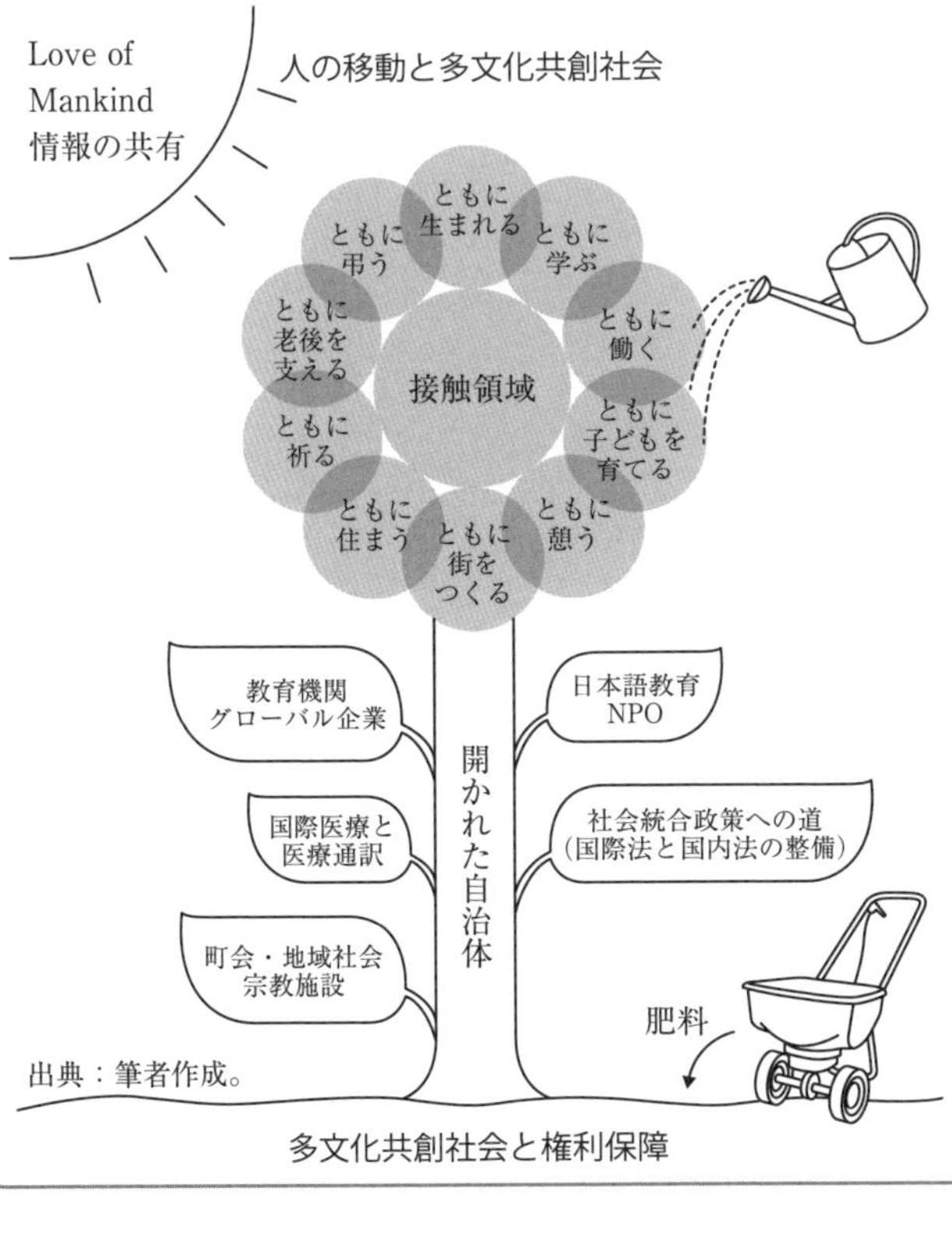

出典：筆者作成。

目次◆多文化「共創」社会入門——移民・難民とともに暮らし、互いに学ぶ社会へ

第2部　多文化共創まちづくりへの基礎知識

第1部　移民・難民理解へのアプローチ

第1章　学びの多様性と多文化共創能力
――親密圏と社会統合政策

川村　千鶴子

はじめに

グローバリゼーションの常態化は、多国籍化、多言語化、流動性を捉えながらトランスカルチュラリズムを学び合うライフスタイルを生み出した。地域社会は「多文化共生」を語るより積極的に「多文化共創」を実践する生活に意欲的でもある。多文化教育（multicultural education）とは、哲学的概念であり、教育的プロセスである。多くの文化を知識として学ぶことではない。多文化教育は、平等（equality）と公正（equity）を峻別する。すなわち、平等なアクセスは必ずしも公平（fairness）を保障するとは限らないからである（グラント、ラドソン＝ビリング編者、２００２：２３３頁）。この一文にも社会統合政策の複雑さが込められている。

振り返ってみると、戦後、日本は一貫して「永住」を目的とする外国人の入国を認めておらず、在留資格に「**移民**」という項目はない。「移民」を受け入れるビジョンがないままに、現実には在留外国人数が約２２３万人となり、日本の総人口の１・67％を占めている。本書巻末の「図２　日本の在留外国人数における永住者の内訳と推移」によれば、特別永住者が約35万人、一般永住者が約70万人と増勢を示し、永住者の割合が大きい。国際結婚数も日本国籍取得者も増え、日本社会は、

移民　移民の定義は多義的で、国際連合では「生まれた国、あるいは市民権のある国の外に移動し、１年以上滞在している人」としている。ところが、アメリカのように伝統的な移民受け入れ国では、永住を目的として入国時に永住許可を認められる外国人だけを指している場合もある。国際連合人口部の発表では、世界の移民の数は、約２億4400万人（2015年）に増加し、世界の総人口の100人に３人が移民である。

多様なルーツとルートをもつ人々によって構成されている。国籍別では、192か国、中国が全体の30・2%を占め、韓国・朝鮮（22・9%）、フィリピン（10・3%）、以下ブラジル、ベトナムと続く。81・6%がアジアからである。東京都に約44万人が住み、全体の20・6%を占める。「留学」の在留資格の交付総数は2万8124人となり、ベトナム（36・8%）、中国、ネパールと続く。大学を卒業した留学生は5872人（45・3%）、大学院で修士号または博士号を授与された者が4483人（34・6%）、専修学校を卒業した者は2130人であった（2015年）。

雇用と就労における人権教育が啓発され、ダイバーシティ・マネジメントの認識が深まり、多様性をプラスに捉え、女性差別の撤廃や障がい者、LGBTなどの包摂に取り組んでいる。外国人労働者数は2016年内に100万人を超え、ともに働く職場もまた相互理解と学びの場であると言えよう。第1章では、教育ニーズの多様化に応え、多文化共創能力を伸ばしうる親密圏の変容に照射し、移民・**難民**を包摂する社会統合政策の創出にどのようにつながっているかについて考察してみよう。

1　フォーマルな学びとノンフォーマルな学び

学びには、制度化された学校教育のフォーマル（formal）な学びと、目的が同じであっても制度化されないノンフォーマル（nonformal）な学びがある。公立学校での外国籍住民の日本語学習歴を把握するようなしくみづくりや、それに基づいた効果的な教育方法・システムの構築、さらに日本語能力を進学・就職へとつなげる取り組みが必要である。本書の第4章では、常駐のコーディネ

難民（refugees）　難民の定義は、難民条約が定義する「人種、宗教、国籍、特定の社会団体構成員、政治的意見に基づく迫害という怖れにより国外に逃れてきた人」の場合に限られ、一般に条約難民と呼ばれる。国が彼らを受け入れることを庇護と言い、庇護を求める者を庇護申請者（asylum seekers）と呼んでいる。庇護申請者のなかには難民として認定されなくても、人道的理由から在留が認められる「事実上の難民」もいる（93、103、123頁も参照）。

ーターを置き、研究・開発を進めることが重要であり、それが教授者や学校を監視するという制度にならないことも肝要と指摘している。フォーマルな学校教育では、教育目標に沿ってカリキュラムが作成され、改革も進められてきた。国際理解教育、異文化間教育、多文化教育、グローバル教育、地球市民教育などが組み込まれ、アクティブ・ラーニングが重要視される。

多文化共生共創アクティブ・ラーニングとは、教師による一方的な知識伝達型講義ではなく、能動的な学修に変え、主体性を伸ばしていくものである。高校や大学教育改革として注目されるだけでなく、生涯にわたり多文化社会のなかで能動的に行動するための基礎を形成する。文化的多様性のなかで、異なる他者との関係性を拓き、自己の可能性を広げるプロセスである。異文化間トレランスとは、異文化に対する寛容性と耐性であり、肯定的に人と人との橋渡しができる人物と社会を生み出す基礎である。

◆ノンフォーマルな学びの実践と基礎教育へのアクセス

ＩＴ技術を使った学びの多様性を前提として、日本では約２００校とも言われる外国人学校や多様な形態のインターナショナルスクールが増加している。外国人学校、フリースクール、夜間自主学級のようなノンフォーマルな学びの場をどのように位置づけ、認可し、財政的に援助していくのだろう。ノンフォーマルな学びは、家にこもっている庇護申請者や在留資格のない親の子どもたちの学習権を守ってきた。大学生がそうした子どもたちの自宅に赴いて、学習を手助けしている例も多い。国籍や民族、年齢にかかわらず、誰もが基礎教育を受ける権利があることを再確認し、母語や母文化の学びを保障することが、やがて世界の懸け橋となって活躍するグローバル市民を育成することになるだろう。

2　親密圏と統計資料には見えない数値

◆見えない子どもたちから学ぶ――平等なアクセスと母語学習の支援

母語学習のボランティアや不登校になる子どもの学習支援をしてみると、外国にルーツをもつ子どもの多様な能力を一元的な価値観では評価できないことや、基礎教育へのアクセスが容易でないことに気づく。さらに、日本の移民政策の不在と難民の人生を展望する包括的・長期的視座がない。介護や建設現場で枯渇する労働力を補充・確保するというだけの発想は、多文化共創の視点が欠落し、さまざまなひずみを生み出す。社会全体が、語学力や情報処理能力に加えて**多文化共創能力**を評価し、多文化社会の基礎的知識を学び、分析力や実践力を発揮できるグローバルな人材育成に力を注ぐ時代を迎えている。

◆親密圏の変容

親密性（intimacy）は、愛情やケアの持続的な関係性であり、親密圏（intimate sphere）とは、一般に愛情や心遣いの流れる親密な関係性の領域を意味している。街の表層ではなく、親密圏も多文化化・多言語化していることに着目しよう。孤立し言語の壁によって情報にアクセスできず、他者のケアを求めているマイノリティもいる。移民・難民との共創には、家庭内部や心理的適応の変化を捉える必要があるのだ。外国にルーツをもち、日本名と日本国籍をもっている子どもも多い。中国帰国者などは異文化を内在化している。職場や学習言語と家庭内言語が違っている人々も多い。「外国人」対「日本人」という単純な二項対立的視点では語りきれないことが分かってくる。

多文化共創能力（multicultural intelligence）　多文化共創能力とは、国籍で人を判断するのではなく、人権の概念を大切にし、文化的アイデンティティや主体的な経験を重視できる「気づき愛」と思いやりの能力である。格差社会の分断を防ぐためには、将来を担う若者たちの「多文化共創能力」を伸ばしていく教育の充実が大切である。

◆多文化共創社会とは何か

多文化共創社会とは、単に文化的多様性を尊重するだけではなく、移民、難民、無国籍者、障がい者、亡命者、母子家庭、ＬＧＢＴなど社会的弱者の人生をかけがえのない人生と捉え、教育や医療、情報に平等なアクセスを保障し、隣人として相互に多文化共創能力を培って双方が発展していく幸福度の高い社会である。

そのため画一的な「国民形成」を目的とする教育から、「主体性のあるグローバル市民形成」の教育が重要視される。多様性を認め合う公教育のあり方が問われ、高校進学、キャリア形成、外国人学校の制度的保障、母語・母文化の保障、バイカルチュラル、バイリンガルが議論されてきた。「日本人性」とは何か、日本人の多様性にも光があたるようになる。

◆あらゆる子どもの主体的学習権

「外国人の子どもには、就学義務はない」と言って放任していては、不就学や不登校を根絶できない。国際人権規約のＡ規約や児童の権利に関する条約は、教育についてあらゆる人の権利を認め、締約国に対して初等教育を義務的なものとし、無償で提供することを求めている。国籍や民族、年齢にかかわらず、誰もが基礎教育を受ける権利があることを日本社会は強く認識しつつあると言えよう。日本政府は、元不登校・ひきこもりの若者を含めた広範な義務教育未修了者への学習権保障の必要性を打ち出し、２０１５年「形式卒業者」の夜間中学受け入れを認める通知を出し、２０１６年から夜間中学の拡充と新設にも力を入れる方向を示している。

3　難民とともに生きる――人道危機と国際社会を学ぶ

日本には1万1319人のインドシナ難民と660人の条約難民、そして24家族105人の第三国定住難民が定住している（2016年）。人道的配慮から在留特別許可を受ける人々も多い。インドシナ難民は二世の時代を迎え、地域の構成員として自立し活躍している。大地震の際、多くの難民が被災者支援に大活躍したように、日本社会の発展に貢献したことも記憶に新しい。

無国籍者は、統計上は598人と減少傾向にあるが、難民の多くが無国籍状態になっているように、事実上の無国籍者数は非常に多い。無国籍という状態は、どこの国からも守られていないということになる。本書の第13章で、無国籍とは何かを学ぶことによって、**アイデンティティ**とは何か、国籍とは、国とは何かという課題と向き合う。

◆難民とともに学ぶ交流の機会

難民とともに学び合う交流が頻繁に行われている。母国ではそれぞれの能力に相応しい職業をもっていても、迫害から庇護を求め、庇護申請者として正式に認められるまでの長い歳月を単純労働者として生きてきた半生を学ぶことができる。難民認定後、いかにしてキャリア形成をなしえたかを「生の声」を通して学んできた。大学が難民との交流の場をもっていれば、学生は身近な存在となった難民に尊敬の眼差しを向けるようになる。筆者は、大学内で学生主体型の「グローバル空間」を創造し、多言語で交流してきた。留学生や海外研究員、地域住民や外国籍住民も参加した。大学は、教育ニーズが多様化していることを認識し、カリキュラム改革を進める必要があるだろう。

アイデンティティ（自我同一性）　アイデンティティとは、自分が何者であるかについて、その人自身が抱いているイメージ、信念、感情、評価などの総体で、「わたし」を「わたし」以外から区別するすべての特徴を含んでいる（箕浦、1995）。とくに越境者は、異文化に適応しながら、いかにしてアイデンティティを獲得していくのだろうか。自分を確立していく成長過程で、社会的なアイデンティティの広がりもある（96頁も参照）。

4　日本人の多様性——海外帰国子女から学ぶ

幼児期から多文化多言語環境にもまれ、バイリンガル・バイカルチュラルな海外帰国子女から複眼的思考力や多文化意識を学ぶ機会も多い。この10年間で日本企業の海外進出の増加に伴い海外帰国子女数は約5万6000人から約7万7000人へと約1・4倍に増加した（総務省2015年8月21日）。海外進出した企業が、約3万5000拠点から約6万9000拠点（2014年）と約2倍に増加した影響でもある。帰国子女と呼ばれる在留邦人（学齢期）子女数（長期滞在者）は、小学部と中学部の総計が7万6536人（2014年4月）にのぼる。アジア圏が多く3万2236人、北米が2万4126人、ヨーロッパが1万4234人と続く。海外で高等教育を受ける日本人の若者も増加した。日本政府は、グローバル化などに対応する人材力の育成強化を目的として、「在外教育施設における質の高い教育の実現」を図るべく「『日本再興戦略』改訂2015」（2015年6月30日閣議決定）を打ち出した。

日本の学校が、海外帰国子女や外国にルーツをもつ子どもの多様な能力を肯定的に評価し、グローバル市民育成の教育体制を議論することは、日本国籍の子どもたちの多様性にも光を当てることにつながる。国際結婚の子弟や外国にルーツをもつ新成人に対応して意識改革が必要なのは、むしろ画一的な「国民形成」教育で育った教師側かもしれない。教師が、複眼的思考力をもつ生徒や学生から学ぶこともあるのだ。

5　人の異なりと多重知能理論

人は誰でも生得的に多様な知能をもって生まれてくる。多元価値の織りなす多文化環境のなかで人間発達を遂げる子どもは、多文化意識を培って成長している。認知心理学者ガードナー（ガードナー、２００１）が唱えた「**多重知能理論**」では、「対人関係」や「自律と内省」などもあえて知能（Intelligence）と捉え、学生と教師に発想の転換を促した。筆者は、移動と転地、多文化体験によって人は新しい適応能力を獲得できると考える。「人の異なり」とは「何が得意か」と「どんなことが好きか」というスタイルの違いでもある。

祖父母のオーラル・ヒストリーを聴取し、多文化化するコミュニティのあり方と学びの多様性を考えることは自己を知るうえにも意義深い。就学・就労・結婚・出産・保育・離婚・起業・まちづくり・介護・高齢化などライフサイクルに沿って世代の連続性や文化変容に注目してみよう。ファミリー・ライフサイクル（家族周期）の時間軸を重ね合わせるとトランスナショナルな変容は、トランスカルチュラリズム（transculturalism）の促進と連動している。そこに、国民国家の枠組みでは捉えきれない社会現象や多文化型コミュニティの形成過程を学び取ることができる。

人間の差異と学びの多様性を認識しつつ、分析力、想像力、創造力、論理的思考能力を伸ばすことができる。個性や能力の多様性を肯定的に評価することが、いじめや差別・偏見のない学校文化と地域文化を創出することにつながるのではないだろうか。

多重知能理論（Theory of Multiple Intelligences: MI 理論）　論理数学的（Logical-mathematical）知能、言語的（Linguistic）知能、空間的（Spatial）知能、身体・運動（Bodily-Kinesthetic）知能、音楽的（Musical）知能、博物学的（Naturalist）知能、対人関係の（Interpersonal）知能、自律と内省の（Intrapersonal）知能。後に自然適応の知性、倫理哲学的知性などの知能もガードナーによって追加された。

6　生涯を通して学び合う――ライフサイクルの視座

移民・難民とともに生き、相互に学び合う姿勢は、日本で高齢期を迎えている外国籍住民を日本社会が支えるという互恵性を創出する。**ライフサイクルの視座**（川村、２００９）は、人間の普遍的な「生」と「死」に光を当て、多様な人生観、死生観、信仰などに寛容性をもたらしている。移民や難民の生を包括的に捉えるライフサイクル論の導入は、一人ひとりの人生を差異化し、国籍で一括りにするステレオタイプ化から脱却し、ハイブリッド性を身につけるうえで効果的である。それが、差異化された「市民」の概念を生み出していくからである。

また多様性（diversity）を基礎とした社会統合政策への長期的ビジョンを明示できる。縦割り行政ではなく、体系的な社会統合政策の策定を検討できる（川村、２００９）。

◆多文化共創の現場の実践者から社会統合政策を学ぶ

トランスナショナルな社会的位相を実証的に捉え、共創コストとエネルギーを、地域社会の未来を拓く「投資」と認識するとき、外交的圧力による対処療法ではなく、長期的・包括的視座が拓ける。移民と難民は、家族の呼び寄せやファミリー・ビジネスの起業などに意欲的であり、祈りの場、教育の場、医療の場、情報交換の場を創造し、生活拠点を形成している。多文化共創型まちづくりを体験することが、社会統合政策への長期的ビジョンとライフサイクルに視座をすえた内発的多文化共創政策ひいては移民政策を生み出すのである。その主役は、日本を構成する一人ひとりである。

ライフサイクルの視座（lifecycles approach）　ライフサイクルの視座は、基礎教育の機会、情報の共有、医療を受ける権利、居住や就労の機会にアクセスできない人々の状況や制度の壁を可視化できる。多文化家族を分析し、日本人と外国人という二項対立から脱却できる。トランスナショナルな社会的位相を実証的に捉え、共生コストとエネルギーが、地域社会の未来を拓く「投資」と捉える視点を醸成する。

おわりに

支援の網からこぼれ落ちている子どもは、アイデンティティと自尊心（self-esteem）喪失のリスクが高いことも認識されている。公教育では、子どもの多様性を認め、評価し、劣等感から解放する環境づくりが求められる。また、多文化共創の地域ボランティアの専門性を評価し、専門職として資格付与するシステムを早急に確立することが重要である。社会統合政策（多文化共創政策）の専門機関を創設することも急務である。基本法を制定し、国際法と国内法を照らし合わせた法的整備が求められている。多文化共創社会は、こうした学びと実践の蓄積から内発的に実現されていくのである。

◎参考文献——さらなる学習に向けて

・エリクソン、E・H／J・M・エリクソン著、村瀬孝雄・近藤邦夫訳（２００１）『ライフサイクル、その完結（増補版）』みすず書房

・ガードナー、ハワード著、松村暢隆訳（２００１）『ＭＩ——個性を生かす多重知能の理論』新曜社

・グラント、カール・Ａ／グロリア・ラドソン＝ビリング編著、中島智子・太田晴雄・倉石一郎監訳（２００２）『多文化教育事典』明石書店

・川村千鶴子（２０１４）『多文化社会の教育課題——学びの多様性と学習権の保障』明石書店

・川村千鶴子（２０１５）『多文化都市・新宿の創造——ライフサイクルと生の保障』慶應義塾大学出版

会
・川村千鶴子・中本博皓・近藤敦編（２００９）『移民政策へのアプローチ』明石書店
・箕浦康子（１９９５）「異文化接触の下でのアイデンティティ」『異文化間教育』（９）、19－36頁

図表１-１　親密圏における接触領域の多様性とライフサイクルの視座

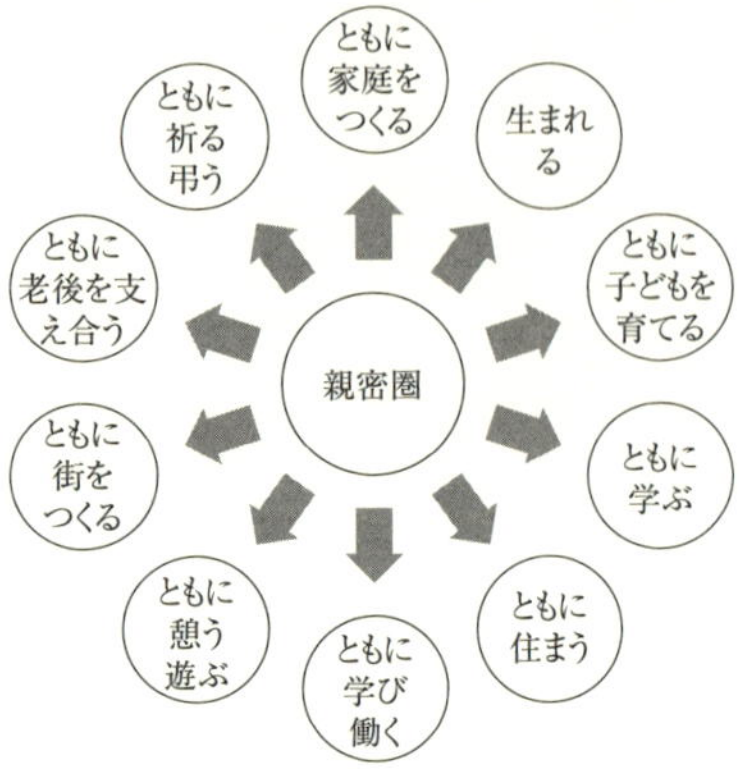

●ディスカッション・タイム●

多様性（diversity）とは何だろう？　国籍別、在留資格別のデータの分析は出入国管理政策の議論であり、一人の人間が多様な役割とアイデンティティをもって生活している実態を描き出せない。たとえば、一人の留学生が、資格外労働許可を取って就労し、地域の活性化に貢献し、結婚・出産・育児のネットワークを広げていることもある。留学後、日本で就職・起業したり母国と頻繁に往復し、家族を呼び寄せるケースもある。人の移動は、接触領域の多様性と重層性を促している。上のモデルを見ながら考察してみよう。

第2章　多文化と医療
――性と生殖を守るために

五十嵐　ゆかり

はじめに

父母の一方が外国人の出生数は１９９５年に2万人を超え、以降、全体の出生数の約2%を保っている。２０１３年に1万９５３２人と減少したものの、２０１４年は1万９６４７人と微増している（厚生労働省、２０１５）。多文化共生社会への人口潮流のなか、外国人への安心・安全な医療の提供を推進するため、２０１２年から外国人患者受入れ医療機関認証制度（ＪＭＩＰ）が開始された。はたして、外国人が感じる安心とは何だろうか。また、外国人の健康を守るにはどうしたらよいのだろうか。まずは、外国人医療において、いまだ課題となっていることを確認してみよう。

1　医療現場における課題

外国人医療における課題は大きく分けて、「言語・**コミュニケーション**」「経済」「文化・慣習」「医療システム」と言われている。それぞれがどのような課題なのかを確認しよう。

コミュニケーション　感情・意思・思考などをお互いに伝達し合うこと。言葉や身振りなどを媒介として行われるが、言葉によって伝えられるメッセージ（言語的コミュニケーション）は35%、言葉以外の身振りなどの手段によって伝えられるメッセージ（非言語的コミュニケーション）は65%と言われている。

「言語・コミュニケーション」では、言語の違いによりコミュニケーションを諦めてしまうという問題がある。これは、医療サービスの質そのものに大きな影響を与える。対象者の満足度も低下するが、さらに深刻な場合は医療過誤につながる。言語とコミュニケーションは、本来、切り離して考えられないものであるが、実は「接遇」と「確実な医療の提供」という視点から、それぞれの解決方法を考えることができる。

「経済」に関しては、認識の違いによる支払いの問題がある。日本の場合、国民は健康保険に加入し、医療費の患者負担割合は地域や年齢層によって異なるが、多くが30％負担である。一方、出産は健康保険の適応ではなく、妊婦健診や出産費用は自費である。妊婦健診の補助券や出産後は出産育児一時金（２００９年10月より42万円）の支給はあるが、その補完では出産育児への経済的な負担には十分ではない。諸外国においては、国民すべてが医療保険に加入しているとは限らないし、出産が無料の場合もある。このような各国の保険制度の違いもあり、トラブルになることが多い。

日本には在留資格の有無にかかわらず、適応できる制度もある。たとえば、入院助産制度（児童福祉法第22条）は、経済的理由で入院助産を受けることができない妊産婦を助産施設に入所させ、助産できる措置のことである。２０００年の内閣総理大臣の答弁書によると、「緊急に入院助産させる必要があると認められる場合には、在留資格や外国人登録の有無にかかわらず」入院助産を受けることが可能であるという見解が出されている。このような情報は外国人も医療者も共有していないことが多く、その状況から支払いが困難になることで、その後の病院側の外国人患者の受け入れに影響することがある。

「文化・慣習」は、異文化理解の不足から対応の質の低下という問題が生じる。宗教や信念、または文化的慣習により、食事や子どもへの対応の違いがとくに多く誤解が生じやすい。具体的には、輸血ができない、絶食期間がある、新生児に割礼をする、などがある。これらが課題となるのは、医学的な根拠のある医療行為と異なってしまうためである。諸外国では、移民が多く多文化な環境で働くことは往々にある。日本においては、フィリピン、インドネシア、ベトナムとの経済連携協定（ＥＰＡ）により、日本で働く外国人看護者が育成され始めているため、同僚として外国人が増加する可能性はある。しかし、現状では合格者が20数名という状況であり、職場でも異文化に触れる機会が非常に少ない。日本文化のなかだけで過ごしていると、自分と異なる文化に出会ったときの違和感が強いこともしばしばである。

「医療システム」に関しては、体制が整っていないことから誤解などが生じ、ミスにつながることがある。移民が多い諸外国では、医療の現場において通訳は必須である。その方法は、通訳者が同行する、電話通訳、あるいは豊富な多言語のリソースを使用する、などさまざまな方法から選択できる。また、通訳の体制整備は、病院が準備している場合もあれば、国や州の政策として公的に確立している場合もある。また、その国の言語が不得意と判断される患者の場合には、通訳者の同席を義務づけていることもある。日本では、医療通訳に関する体制整備が非常に遅れている。そのため、家族や友人に通訳を依頼したり、なんとなく通じているという感覚だけでその場を切り抜けることも多い。こういった危ういコミュニケーションでは、情報が正しく伝わらないことから医療過誤を引き起こすおそれがある。

2　課題の解決のために、あなたは何ができるか

◆避けるのではなく、コミュニケーションの手段をもつ

コミュニケーションの成立を諦めるのではなく、まずは「分かりやすい日本語」で伝える、という考え方が大切である。たとえば「英語の分かる人をつれてきます。この椅子に座って待っていてください」などと、簡単な単語を使用し、短い文章で区切って、ジェスチャーを交えて話す。実はこれで大抵は伝わるのである。間違った英語を使用して混乱させたり、言語が分からないことでコミュニケーションを諦めるよりも、分かりやすい日本語でゆっくりと話しかけると安心感が生まれる。これは接遇とも言える。コミュニケーションは、言語的なコミュニケーションだけでは成立せず、態度や表情などに関連する非言語的コミュニケーションがコミュニケーションの印象を変えることは広く知られている。日本人同士であっても、コミュニケーションが成立しないと感じた経験はあるだろうし、また、自分が海外でまずはどんな対応に出会ったら安心するか、と考えてみれば答えは明確であろう。

次に、医療を提供するという側面から考えてみると、医療では確実に情報を伝えることが必須である。そのためにできることは、活用できるリソース（資源）を把握し、状況に合わせて使用方法を考えておく、という準備である。たとえば、問診では「多言語問診票」があり、媒体を使用しての情報伝達は可能である。また、手術のような緊急時には「電話通訳」が、重篤な疾患などについての説明には「訓練された通訳者」が必要、などの状況を考え、即座に使用できるリソースを整備しておく。それが「コミュニケーション手段の確保」である。インターネットで検索すると、多種

多様なリソースを見つけることができるので、状況や施設に合ったリソースの準備を吟味してほしい。

◆特別扱いではなく、配慮をする

異なる文化をもつ対象への看護を考える異文化看護（transcultural nursing）という領域では、人間を文化的な背景をもつ存在と定義している。レイニンガーは著書のなかで、対象のもつ文化的背景を理解することが大切であり、そのことによって、対象者のニーズに沿った個別的で満足感を与える看護が提供できる、と述べている。（レイニンガー、1995：186頁）。つまり、文化が異なればケアの考え方や方法が異なる、ということである。たとえば、出産は「安全に安心して子どもを産みたい」という思いはどの文化でも普遍的であるが、出産を安全や安心にするための考え方や方法などは多様である。とくに文化固有の伝統や特徴的な価値観などがあり、外国人母子とその家族のニーズは異質に見えることがある。しかし、そのニーズの背景を知ることで、対象にとってどれだけ大切で意味のあることかが理解できる。ケアの提供者は、そのうえで交渉し、たとえば特有の儀礼の方法を変えたり、類似した形式で行ったり、あるいは、健康に害がなければ柔軟に許可する。そのことによって安心や満足をもたらすこともできる。もちろん、可能な部分とそうでない部分があるため、そのことを丁寧に説明し、双方（対象者とケア提供者）にとってより良い形に調整することが必要である。つまり、対象者だけの信念を尊重した「特別扱い」をするのではなく、信念に「配慮」することが大切であり、すべてのニーズをかなえることが優れた外国人医療ではない、ということである。

◆無関心ではなく、積極的に学ぶ姿勢をもつ

訪日外国人や在住外国人が増加していること、さらに国際結婚などが増えていることなどから、日本は多文化な国になりつつあると言われている。しかし、街で見かけることはあっても、実際に外国人と一緒に仕事をしたり、ともに時間を過ごしたり、ということは、少ないのが現状だろう。人の移動が著しい都市部であっても、日常生活のなかに外国人がいないことは多い。そのような状況下で、多文化共創と言われても難しいと感じるかもしれない。

では、どんなことができるだろうか。まず行うことは、自身が情報に対し敏感になることである。世界の情勢や社会の動向について興味をもつことが、外国人の背景をイメージすることに役立つ。また、ニュースだけでなく、異文化への興味のきっかけはどんなことでもよい。語学力を向上することも一つの手段である。あるいは、映画やドラマを観ることでもよいだろう。商業的でやや大げさな視点もあるが、異文化に接するハードルは下がるかもしれない。自身できっかけをもつことは、それまで知らなかった世界に触れるスタートとなる。積極的に他の国の考え方や文化を知る姿勢をもち、多文化共創社会へと踏み出してほしい。

3　リプロダクティブヘルス・ライツとは

リプロダクティブヘルス・ライツとは、「性と生殖に関する健康・権利」と訳されている。1994年9月にカイロで行われた国際人口開発会議（ICPD）において、リプロダクティブヘルス・ライツについて、国際的な共通理解をもつこととなった。リプロダクティブヘルス・ライツ

リプロダクティブヘルス・ライツ　性と生殖に関する健康・権利のこと。リプロダクティブヘルス・ライツは、出産に関連する健康だけではなく、たとえば、出産に向けた身体づくり、閉経後のセルフケア、あるいは子どもをもたなくても性と生殖の健康を維持する権利があることなどを言う。

の概念定義は「生殖のシステム、その機能と過程に関するすべての事柄において、身体的・社会的に完全に良好な状態にあることを指し、単に疾病や障害がないことをいうのではない」とされている（東、２００２）。つまり、すべてのカップルと個人は性と生殖に関する最高の健康水準を達成する権利を有する、ということである。

◆リプロダクティブヘルス・ライツの現状と課題の解決のために

在住外国人を統計的に男女別に見ると、２０１５年は男性１０５万70人（47%）、女性１１８万２１１９人（53%）と、女性の数が多い（法務省、２０１６）。また、女性の人口は１９９０年から約2倍に増加し、年齢構成は20～30代が半数を占めている（総務省、２０１５）。このような人口増加の推移から、いかに在住外国人女性に対する母子保健へのニーズが高いかが推測できる。リプロダクティブヘルス・ライツにおける課題解決のための方略はさまざまな段階がある。すぐに取り組めることもあれば、長期的な視点で考慮すべきこともあるが、諸外国の先駆的な対策も参考にしながら以下の方法を提案したい。

①セルフケアの向上のために情報提供の方法を多様化する

情報の入手方法は、容易にアクセスできることが最も重要である。それは、探しやすいという情報の視認性や多様なディバイス（端末など）で情報を入手できる簡便さ、そして多様な背景に対応できる多言語化である。リプロダクティブヘルス・ライツについては、出身国で教育の機会がなかったり、文化的に他者と話題にすることに抵抗があったりする場合もある。そのため、ホスト国でリプロダクティブヘルス・ライツを保障する環境を提供する一つの手段として、情報に対する環境整備が挙げられる。本人がアクセスするための手段を整備しておくことが非常に大切である。

②医療へのアクセスを向上するために人材育成を行う

医療者が行う保健指導においては、背景にとらわれず、移民・難民であることや出身国などに対して偏見なく一人ひとりと向き合うこと、そして、個人の価値観を知るため、宗教や民族などを含めてそれぞれのもつ背景を知る、ということが基本である。ニーズや健康状態を把握し、医療者が考える理想的な状態というよりも、その人が暮らすいまの日本での生活に合っている解決方法を一緒に考えることが重要である。それは文化的な配慮だけでなく、経済的な視点でも考慮が必要である。たとえば、限られた生活費のなかでも健康を維持できるような工夫を一緒に考える、ということである。

今後の方略としては、多民族国家であるオーストラリアが行っているように、ＲＨＮ（Refugee Health Nurse）の育成の検討が望まれる。ＲＨＮは難民の健康管理を担っているが、同じように日本にも移民・難民の専門看護師がいれば、医療者が健康課題へのアプローチがしやすく、またケアの受け手も医療施設を探すことなく適切な場所へアクセスできるだろう。日本においてもＲＨＮのような専門性の高い看護者の育成は急務である。

③健康を向上するための包括的な支援のために連携体制を構築する

リプロダクティブヘルス・ライツにかかわる行動は生活の一部であり、切り離しては考えられない。そのため生活そのものが安定するように、医療だけでなく他領域で連携した支援が必要である。生活が安定することで健康への意識をもつ余裕が生まれ、セルフケアができるようになる。リプロダクティブヘルス・ライツは健康の一つの側面であるため、生活が安定する支援によって、副次的にリプロダクティブヘルス・ライツの向上につながると言える。リプロダクティブヘルス・ライツだけに注目するのではなく、衣食住、就労、教育などの支援も連携して行うことが必要である。

④あなたができることを整理して実行する

読者の皆さんは、リプロダクティブヘルス・ライツへの支援は、専門性が高いと感じていたかもしれない。しかし、あなたにできることがある、ということは理解できただろうか。リプロダクティブヘルス・ライツは焦点化して支援を強化するよりも、多領域が連携する必要がある。情報の整備と伝達、医療施設への受診の促進、あるいは就労や教育の支援、というように、自分はどの領域で、どんなレベルの支援が可能なのかを明確にすることが、まずは大切なステップである。

おわりに

日本の出生数は微増したものの、人口動態は依然として高齢化が進んでいる。未来の日本を支えるため、外国人との共生は歓迎すべき時代の潮流とも言える。まずは、外国人と一緒に生きていくことをどのように捉えているのかを自身で考える機会をもってほしい。そうすることで、すべきことが見えてくるだろう。実は一人ひとりの認識が変わるだけで大きな変化が生まれる。その認識が問題解決のアクションを促すのである。

◎引用文献

・厚生労働省（２０１５）『平成26年人口動態調査上巻　出生』第4・32表「父母の国籍別にみた年次別出生数及び百分率」
・レイニンガー、マデリン・M著、稲岡文昭監訳（１９９５）『レイニンガー看護論――文化ケアの多様性と普遍性』医学書院
・東優子（２００２）「リプロダクティブヘルス・ライツ」松本清一監修『性：セクシャリティの看護――QOLの実現を目指して』建帛社、第9章
・法務省（２０１６）「平成27年末現在における在留外国人数について（確定値）」
・総務省（２０１５）「在留外国人統計（旧登録外国人統計）」第2表「国籍・地域別年齢・男女別　在留外国人」表番号 15-06-02-1

◎参考文献――さらなる学習に向けて

・五十嵐ゆかり（２０１５）「在日外国人母子保健」有森直子編著『プリンシプルを修得し女性・家族に寄り添い健康を支える母性看護学Ⅰ　概論』医歯薬出版、第3章第3節
・ホランド、カレン／クリスティン・ホグ著、日本赤十字九州国際看護大学／国際看護研究会監訳（２０１５）『多文化社会の看護と保健医療――グローバル化する看護・保健のための人材育成』福村出版
・丸井英二・森口育子・李節子編著（２０１２）『国際看護・国際保健』弘文堂

●ディスカッション・タイム●

来日5か月の中国人のシンさん。現在妊娠4か月である。家族の状況は、中国人のパートナーは多忙で、サポートしてくれる親族は日本にいない。また来日して間もないため、知り合いもいない。日本には年単位の長期的な滞在となる予定のため、出産も産後も中国への帰国予定はない。日本語はだいたい分かるが、難しい言葉が含まれると理解が困難になる。妊婦健診には定期的に受診しているようだが、付き添ってくれる人はいないし、病院にも通訳の体制はない。この女性にはどんなサポートが必要だろうか。あなたができることを妊娠中と産後に分けて考えてみよう。

第3章　家族の変化を知る
――多文化な家族と地域社会

渡辺　幸倫

はじめに

先日、ゼミの学生による**国際結婚**をテーマにした発表があった。同級生を対象とした国際結婚や国際カップルに対するイメージ調査であり、なかなか興味深いものであった。「英語が上達しそう」「異文化が学べそう」といったものもあれば、「言葉が通じなさそう」「文化の違いで苦労しそう」のような意見も出ていた。一見正反対のような意見ではあるが、言葉・文化の「違い」をどのように考えるのかという点では共通している。学生の皆さんの価値観の多様性を示しているのだろう。ただ発表を聞いていると、国際結婚や国際カップルの現実がどのようなものなのか、よく分からないというのもあるようだった。そこで、本章では、国際結婚や国際カップルの現実について、いくつか論点を示しながら考えてみよう。

国際結婚　一般に国籍の異なる者同士の結婚を指す。国籍と民族の一致度合いが高いとされる東アジアでは「国籍も民族も異なる者たちによる結婚」を端的に表現できるとして比較的よく使われる。その他の地域では、国籍だけでは、結婚における民族・文化・人種の多様性をうまく表現できないとされ、あまり使用されない。

1　日本在住の国際結婚家庭の状況

ここ30年ほどで日本における結婚観は急速に変化・多様化し、すでに結婚すること自体すら「当たり前」とは言えなくなった。このような状況のなか、国際結婚はどのように変化してきたのだろうか。「人口動態統計」（厚生労働省）を見ると、日本国内の全婚姻数における国際結婚の割合は２００６年をピークに年々減少が続いていたものの、２０１４年には大きく減少幅が縮小した（図表３－１）。同年の婚姻件数の約３・28％が国際結婚であるが、１９８５年に１・68％ほどであったことを考えると概して増加したと言ってよい。

読者の皆さんの親世代はどのあたりになるだろうか。場合によっては国際結婚に対する感覚にずいぶんと差があるかもしれない。

また、国際結婚をする数（夫が日本人のケース約71％、妻が日本人のケース約29％）や結婚相手の国籍の男女差に気がつく。夫が日本人の場合の配偶者の国籍の上位は、中国（40・１％）、フィリピン（20・０％）、韓国・朝鮮（16・１％）、タイ（６・４％）の順で、妻が日本人の場合は、韓国・朝鮮（27・７％）、アメリカ（17・７％）、中国（12・７％）、ブラジル（５・４％）となっている。件数、配偶者の出身国、上位４か国が占める割合の傾向は偶然というには違いすぎる。嘉本（２００８）では、当時の国際結婚関係の資料を挙げ、その「記述」「分析」方法からレポートの書き方までが丁寧に指南されている。ぜひこれらを参照したうえで、図表３－２をはじめ最新の情報を収集し、記述・分析していただきたい。

一方、高谷ほか（２０１５）には、２０１０年の国勢調査をもとに、親の国籍別で55歳未満の父

図表3-1　夫婦の一方が外国人の国籍別婚姻件数の年次推移（1965～2014年）

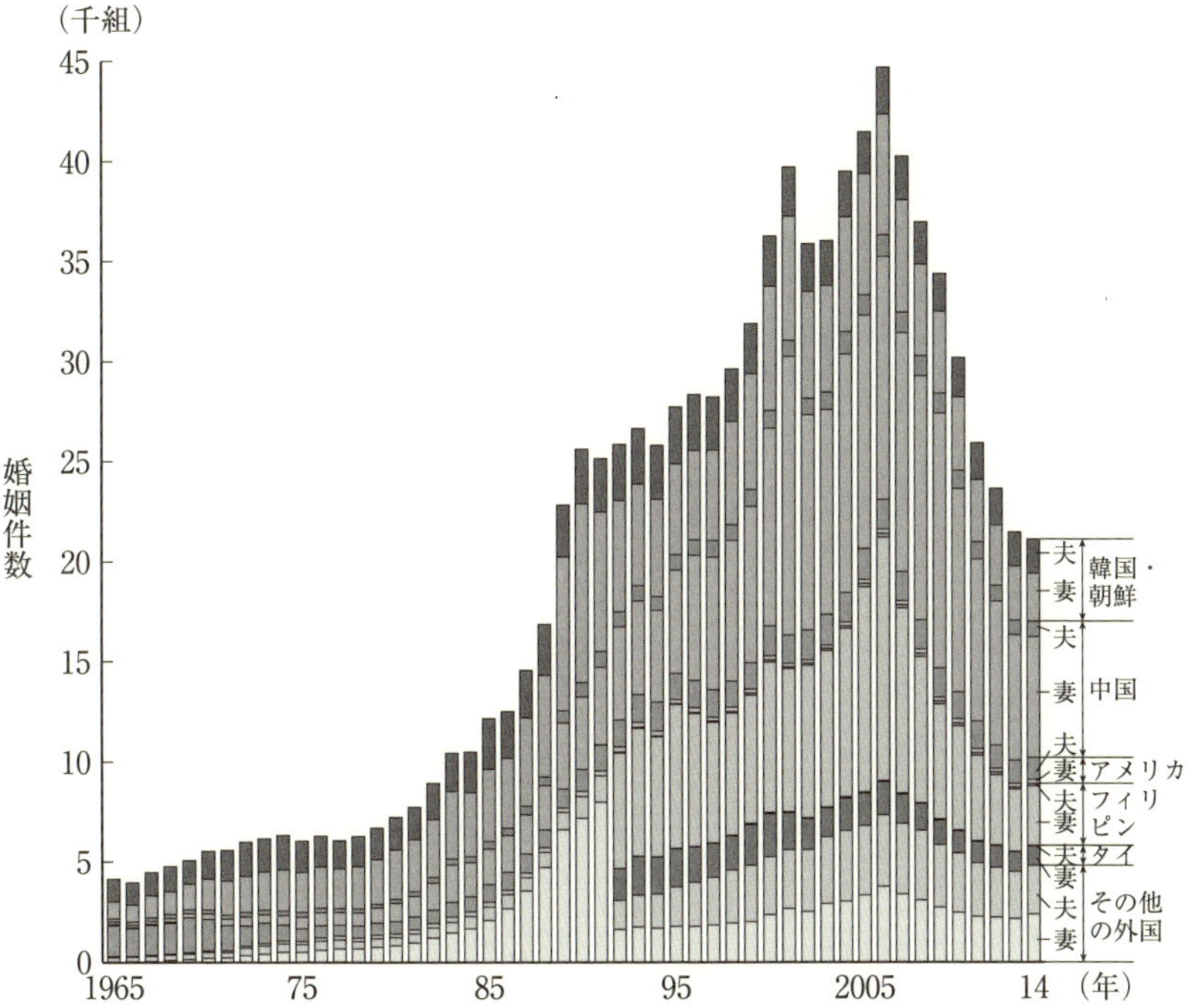

夫婦の一方が外国人の国籍別割合（2014年）

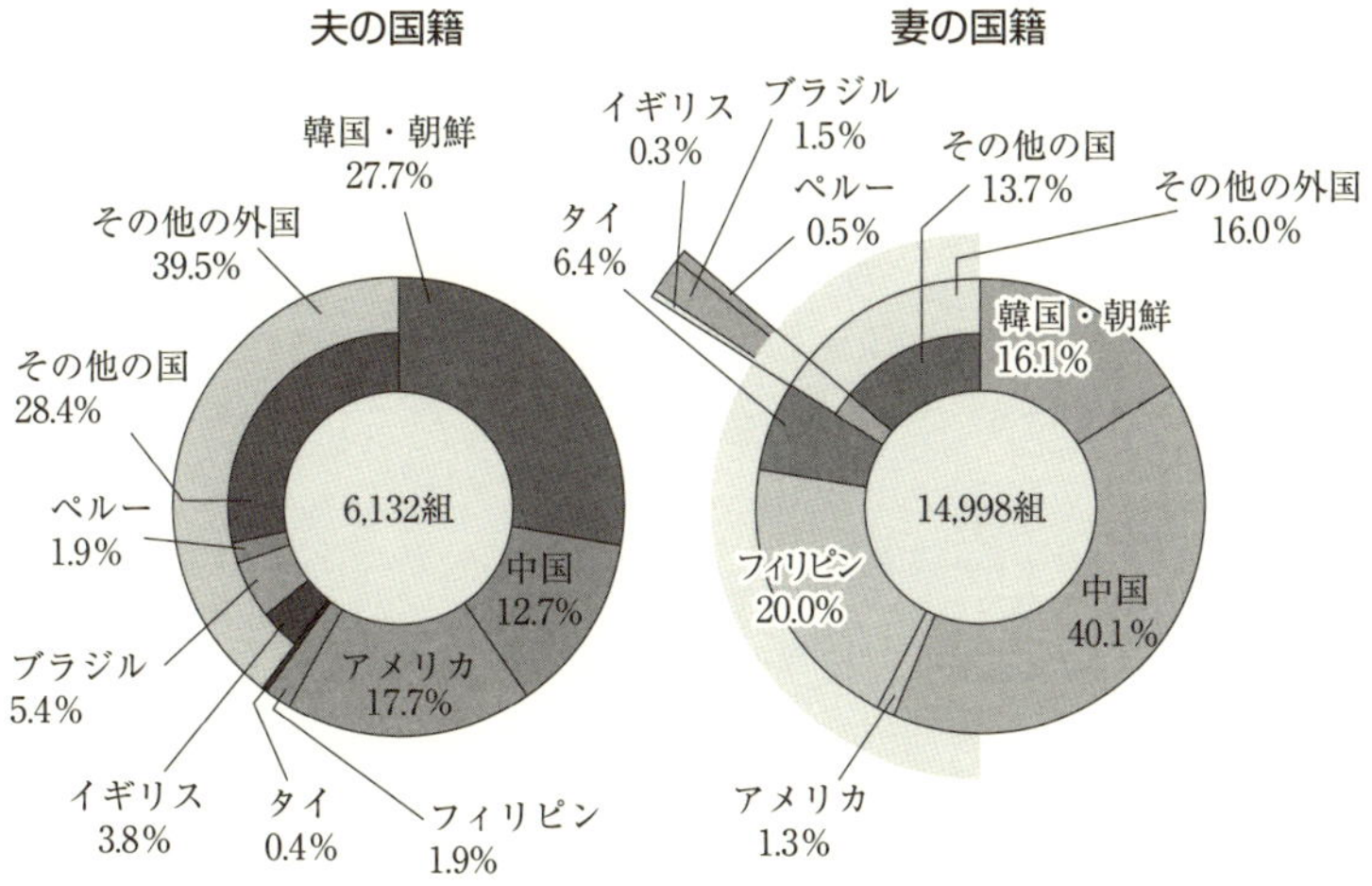

注：フィリピン、タイは1992年から調査しており、1991年までは「その他の外国」に含まれる。
出典：厚生労働省「平成27年（2015）人口動態統計」

図表3-2　親の国籍別55歳未満の母と同居する子どもの人口および
55歳未満の父と同居する父子世帯の子どもの人口（2010年）

（単位：人）

		父（全年齢）の国籍					
		日本	韓国・朝鮮	中国	フィリピン	タイ	ベトナム
55歳未満母の国籍	日本	21,767,274	30,096	11,081	1,983	1,172	549
	韓国・朝鮮	34,403	43,441	281	0	10	0
	中国	48,468	483	36,697	0	20	31
	フィリピン	80,766	403	40	6,674	0	0
	タイ	11,017	40	0	0	612	0
	ベトナム	1,786	0	40	0	0	3,984
	アメリカ	1,779	0	60	0	0	0
	ブラジル	4,533	20	20	30	0	0
	ペルー	1,419	0	31	40	0	0
	他（含不詳）	30,487	182	251	20	31	40
	（父子のみ）	123,600	522	190	80	20	51

		父（全年齢）の国籍				
		アメリカ	ブラジル	ペルー	他（含不詳）	（母子のみ）
55歳未満母の国籍	日本	9,739	4,018	1,624	31,355	1,195,732
	韓国・朝鮮	111	70	0	292	7,721
	中国	30	40	20	321	4,611
	フィリピン	20	838	121	454	10,818
	タイ	0	40	0	50	1,325
	ベトナム	31	30	31	92	371
	アメリカ	1,766	0	0	50	163
	ブラジル	0	29,746	482	607	2,565
	ペルー	10	828	8,159	405	825
	他（含不詳）	103	476	444	30,583	2,013
	（父子のみ）	0	240	100	120	

注：単親家庭の子どもは全員20歳未満だが、それ以外の家庭の子は20歳以上の者を含む。
「子ども３人以上」の親には3.1人の子どもがいると仮定して集計。
出典：高谷ほか（2015）による2010年国勢調査オーダーメイド集計。

または母と同居する子どもの数が示されている（図表3－2）。これまで必ずしも明らかではなかった外国人の親を含む家庭で育つ子どもたちを考えるための重要データである。この表によれば両親が日本人の家庭の子どもが2176万7274人、両親のいずれか片方が外国人の家庭の子どもが30万6275人。さらに両親ともに外国人の家庭の子どもは16万9731人（外国人同士の国際結婚も含む）。これらに外国人の母子家庭や父子家庭を加えると、外国人の親を含む家庭で育つ子どもたちは50万7741人にのぼる。同年の外国人数は国勢調査ベースで約164万人、登録者ベースでも約213万人ほどであることと合わせると、どのような印象を受けるだろうか。

また、親の国籍を見ると、フィリピン（8万2749人：27・0％）、韓国・朝鮮（6万4499人：21・1％）、中国（5万9549人：19・4％）、タイ（1万2189人：4・0％）、アメリカ（1万1518人：3・8％）の順となっており、これらの5か国だけで全体の75％を超えている。これをあえて現在の国際結婚の傾向と重ねてみると、フィリピンが多く、中国がやや少ない印象だろうか。組み合わせごとの子どもへの考え方が反映されているように思えて興味深い。この論文のほかにも高谷らによって発表された2010年の国勢調査をもとにした一連の論考には、これまで収集が困難とされていたデータが多数挙げられている。本文で挙げた論文を起点に検索できるので、日本における**多文化家庭・家族**を考える際の基礎としてご一読を強くおすすめしたい。

多文化家庭・家族　一般に複数の民族文化が存在する家庭・家族のこと。国籍と民族の一致度合いが高いとされる東アジアでは国際結婚家庭・家族とほぼ同義となりやすい。家庭は家族の生活が営まれる場所や営む過程を重視した表現なのに対して、家族は血縁を基礎としたつながりを重視した表現。国際結婚の場合には、国籍の異なる者による血縁集団である家族が複数の民族文化が存在する家庭で生活していると言うことができる。

2　中国や韓国に住む日本人の父親のケース

◆日本人男性は「悪者」？

中国人の女性に「日本の男は大男人《ダーナンレン》だ」と言われたことがある。大男人とは、日本で言うところの亭主関白のようなものらしいが、簡単に言えば、妻やお付き合いしている女性に対して「態度が大きい」ことなのだそうだ。「実際に身近にそんな人がいたのか」と聞いたところ、「いない」との返事。「日本の男は大男人」というのは、経験とは離れたところで作られたイメージである面が大きいようだ。

一方、近年の日本では子育てする父親（いわゆる「イクメン」）が注目を集め、国内に住む日本人男性と外国人女性の国際結婚の研究も進んでいる。河原・岡戸（２００９）のように豊富な事例から国際結婚家庭における言語やアイデンティティ形成・変容を紹介したものもある。同書では、前半で「アジア人と日本人との結婚」、後半で「欧米人と日本人の結婚」を主に扱っており、ある種の国際結婚の典型的理解を見ることができる。河原も述べているように、とくにアジア人と日本人の国際結婚事例では「暗く重苦しい事例」が続く。そこでは残念ながら日本人男性は無理解な「悪者」と描かれていることが多いようだ。これは日本における多くの研究が女性の目線に立ち、「弱者」である女性を支援しようとする文脈で行われているためか、女性の直面する問題の緊急性や深刻性と対比されているためか、日本人男性は経済的・権力的な優位性という文脈のなかで一面的に語られることが多く、研究の対象としてやや見えにくい状況に置かれているようだ。中国や韓国に住む日本人の父親を対象にした研究はさらに少ない。しかし、中国や韓国で国際結婚家庭をもっている日本人男性も、多くが言語、文化、アイデンティティなどの観点から戸惑いを感じていることは間違いない。

◆中国や韓国に住む日本人の父親の話

筆者が最近参加したプロジェクトでは、日本在住の日中、日韓カップル、韓国在住の韓日、韓中カップル、中国在住の中日、中韓カップルを対象に行ったインタビューを分析し、各国の同時代的な状況と各家庭の戦略の現代的な特徴を探究した（渡辺ほか、２０１６）。ここでは、そのうち中国や韓国に住む父親についての話を紹介したい。

このプロジェクトでは、インタビュー対象者を、筆者を起点とするスノーボールテクニック（知人の紹介をたどっていく方法）によって選定した。その結果、中国在住者３人、韓国在住者３人の合計６人の日本人の父親に話を聞くことができた。年齢は筆者とほぼ同年代の30～40代、大卒以上のいわゆるミドルクラスで、子どもの年齢は2～11歳、すべて恋愛結婚であり、これらの特徴は同時に彼らの結婚生活を規定する重要な要素に見えた。その他の話に出てきたことをまとめると、次のとおりであった。

中国・韓国在住の日本人の父親たちには、同プロジェクトでインタビューした日本在住の父親たちと同様に、自らの教育経験に対する強い自負心、中韓における教育競争への批判的態度などが確認できた。しかし、全般的には移住先の地域社会に愛着を感じ、溶け込もうとする姿が浮かんできた。ここでは日本在住の父親たちと対比しながら見ていこう。

まず、日本に居住する日本人の父親にあまり見られなかった傾向として、妻の言語でもある現地語が堪能で、仕事上もそれを駆使していたことが挙げられる。恋愛に至った出会いの経緯としてもほとんどの例が結婚に先立つ妻の出身国への留学が関係しており、妻の出身国にきわめて好意的な感情をもち、出会った当初から妻の言語で会話をする例も多かった。これは、日本在住の父親の事例では妻側が日本への留学を経験していたことと好対照であった。ただし、対象者にはいわゆる「夫が外で働き、妻が家庭を守る」という価値観を見ることができ、この価値観を実現できる（中国・韓国で就労できる）夫にのみ妻の出身国での居住が可能になっているようだった。日本の例でも妻が就労している例はあったものの、主たる稼ぎ手は夫側である場合が多かったため、共通した傾向と言えるだろう。ただし、この傾向は中国在住者にはやや弱く、日本と現在の居住国における性別役割分担に対する社会的期待を反映していると考えられそうだ。

また、対象者には共通して、まるで妻の国、妻の家族へ「婿に入った」かのような意識が観察できた。「婿に入った」対象者は、妻の両親と同居し、子育てや家族の運営に多大な協力を得ていた（「おばあちゃんがいなかったら、どうしようもないって感じですね」渡辺氏（仮名、以下同じ）：中国在住）。ただ、これは妻の国では平均的なことと説明し（実際に、中韓両国では日本より祖父母が子育てに参加するケースがかなり多い）、このような協力に感謝している反面、ストレスとなる側面もあるとの吐露もあった。ただし、このような関係を尊重することが結果として家族の平安にもつながっているという前向きな評価が示されることが多かった（「結構ストレスとかはあるんですけど、子どもにとっては人が多いと楽しそうなので。妻もそんなに疲れないですし。そういう意味ではいいですね」高橋氏：中国在住）。

言語教育については、対象者のほとんどが日本語教育は自分の責任だという意識をもっていたが、現実には長時間労働により平日に子どもと時間を過ごしたり、日本語を教えたりすることに大変な困難を感じていた（「妻が韓国人で、普段子どもと韓国語で接しており、（あいさつなど）そういう一部の言葉を除いては韓国語なので、いくら私が日本語を主張しても、教える機会が少ない」藤田氏：韓国在住）。これに加えて「居住地での言語を優先すべき」という考え方も広く共有されており、これらも合わさって、対象者のすべての**家庭内言語**が妻・現地の言語となっていた。子どもたちの日本語力は、年齢的なものもあるが、「単語レベル」から「読み書きは何とか」まで幅があり、会話は非常に困難であることが多いようだ。そんな子どもの日本語に対しては「もどかしさ」「無力感」「現地生活優先という合理化」「一定程度の日本語ができることへの満足」などさまざまな反応が見られた。しかし、概して子どもたちの将来の日本語習得には楽観的で、背景には自身の言語学習経験への自負心があるように感じられた（「日本語と韓国語なら似てるから、基礎だけやっとけばいいんじゃないかと。後で本人がやりたいと思ったときにやれば結構何とでもなりますよ」山本氏：韓国在住）。このような楽観的な態度はとくに韓国在住者に顕著で、なかなか韓国語が上達しない日本在住の父親たちと対照的で、とても意外な印象を受けた。

◆見てみると「ふつう」？

全体として日本で暮らすアジア人と結婚した「経済的・権力的な優位性」に象徴される日本人男性像とは違った姿を感じるのではないだろうか。背景には、中国や韓国との経済的格差の縮小や彼らがミドルクラス同士の恋愛結婚であるということがありそうだ。これらが影響してか、居住する地域社会の現状を概して受け入れており、子どもの**母語・母文化**に対する考え方もとても柔軟だ。また、夫婦間の関係もより対等に近いように見えた。国家同士の葛藤や文化の異なりが家庭内で大きな問題となっているという話は聞くことがなく、むしろ国を越えたミドルクラスの文化が形成されているとも感じられる。確かに多文化な家庭では文化圏や国を越えた移動を経験している人の存

家庭内言語　家庭で主に使われる言語のことで、両親の言語能力（家族間でのコミュニケーションの効率）、居住地社会で使われている言語（家庭外で接することの多い言語）、居住地における両親の出身国言語の経済的・文化的威信（社会で考えられている「学ぶ価値」）などで決まるとされている。一言語に収斂されることも多いが、複数言語が存立することもある。子どもはまずこの言語を母語、第一言語として習得することになる。

在があり、現住地からの移動に対しても柔軟な考えをもっていることが多い。しかし、現実には、日本であれ海外であれ、同一地に長く居住すればするほど地域社会でのつながりが多くなり、移動する可能性は低くなっていくようだ。とくに、今回の調査に協力してくれた対象者は、現在の生活に一定程度以上の満足感を示していた。言い換えれば、彼らの間では、現在の働き方が自分の社会経済的な地位の維持向上に最適であり、それが家族生活を維持する（「家族を養う」）ためにも最適であるという意識が共通していた。

このような傾向と同時に、インタビューのなかでは、日本で変化する性別役割分担意識を敏感に反映したような男性の子育て参加、いわゆるイクメンを意識したような話題も多く語られていた。新しい社会の動きを取り入れようという気持ちは強い。これは、多文化家庭の父親たちが、単に自らの経験を再生産しているわけではなく、新たな言説によって十分に変化する可能性を示している。とかく国際結婚を語る際に固定化された「悪者」とされることの多い日本人男性の新しい側面と見ることもできるのではないだろうか。

おわりに

本章を通して「いろいろな家族があることを想像してもらうきっかけ」を提供した。主に日本人同士の結婚と異なることを中心に紹介したが、実際に国際結婚されている方に話を聞くと、ほとんどの出来事は日本人同士のカップルと変わることのない「人生」そのものである。結婚の先には、家庭内での主導権争い（?）、妊娠、出産、子育て、住宅ローン、親の介護、老後の生活、ひょっ

母語・母文化　母語とは幼児期に自然に身につけた言語のこと。これに対して、母国語は（一般に国籍に基づく）「母国の言語」であるため母語とは一致しない場合もある。母文化はここからの派生概念で、同様に子どもが生後の一定の間に触れながら身につけた文化のことである。母語・母文化は必ずしも一つとは限らず、国際結婚家庭のように複数の言語・文化が家庭内に存在する場合には複数の言語・文化、あるいはこれらの混淆したものを母語・母文化とすることもありうる。

とすると離婚もあるかもしれない。どんなことが待っていようと、結婚の数だけ幸せになるカップルがいると信じたいものである。

◎参考文献——さらなる学習に向けて

・嘉本伊都子（２００８）『国際結婚論!?　現代編』法律文化社
・河原俊昭・岡戸浩子編著（２００９）『国際結婚——多言語化する家族とアイデンティティ』明石書店
・高谷幸・大曲由起子・樋口直人・鍛冶致・稲葉奈々子（２０１５）「２０１０年国勢調査にみる外国人の教育——外国人青少年の家庭背景・進学・結婚」『岡山大学大学院社会文化科学研究科紀要』(39)、37－56頁
・渡辺幸倫・藤田ラウンド幸世・宣元錫・李坪鉉・裘暁蘭（２０１６）「多文化家庭の子育て戦略の課題——日韓中の国際カップルへのインタビュー調査」『相模女子大学文化研究』(34)、1－26頁

●ディスカッション・タイム●

自分の思う国際結婚家庭を想定してみよう。そこではどんな言葉が話され、どんな教育を子どもにし、どんな未来を思い描いているだろうか。そして、その家族の要素（人数、出身地、言葉、居住地、教育方針、収入など）を考えてみよう。その後、各要素を少しずつ変化させ、「平均的な家族の例」「例外的な極端な家族の例」などをいくつか考えてみよう。はじめに考えた家族はどこに位置づけられるだろうか。

第4章　多文化共生の担い手を育てる
――群馬県大泉町での日本語教育

齋藤　俊輔

はじめに――多文化社会における日本語教育の重要性

2015年度の統計によれば、日本に中長期在留する外国人の数は200万人を超えている。そのうち、期限なく本邦で暮らす永住者は70万人を超えている。2008年が49万人程度だったことを考えれば、確実に外国人の定住化が進んでいると言える。

このようななか、一部の地域では集住化が起こっている。外国人は同国人のネットワークを発達させ、本国の輸入商品を扱う雑貨店や民族学校、あるいは宗教施設なども運営するようになり、日本にいながらそれぞれの言語や伝統文化で生活するようになった。本章ではこうした外国人によって作り出された空間あるいはネットワークを外国人コミュニティと呼ぼう。

言い換えれば、外国人コミュニティの出現は、日本語や日本文化を理解しなくても、本国にいるのと変わらない生活を送れる社会が生まれたことを表す。

一方、このことは外国人を個人として受け入れるというような、古き良き異文化交流的な考え方では対応できなくなったことを意味する。集団としての外国人と向き合う方法が求められるようになったのである。

このなかで、日本語教育は重要な位置を占める。

現在、外国人が集住する自治体は、各外国人コミュニティ用に多言語で冊子を作成したり、専門家を置くなりして対応している。しかし、すべての外国人に対応する言語サービスや支援は現実的に難しい。

では、グローバルな環境、とくにビジネスシーンで共通語となっている英語で対応すればよいのだろうか。ところが、すべての外国人が英語を母語や母国語としているわけではないし、その理解は限定的である。たとえば、本章で言及する在日ブラジル人はポルトガル語を母語としている。

また、多文化社会が進めば、日本人と外国人だけでなく、外国人同士でのコミュニケーションの機会も増加する。その際の言語が英語だけというわけにはいかないのは先の点と同じである。

さらに、日本で生まれ、本国へ帰国経験のない外国人子弟にとって日本は故郷となる。彼らが将来日本で暮らす場合、日本語を学ばずに進学・就職を望めば、選択肢は確実に狭まる。外資系企業や英語による教育機関も増えているが、それでも現段階では日本社会で日本語が占める地位は変わらない。

その意味で、日本語は日本の多文化社会における共通語として重要となる。

では、こうした多文化社会における日本語教育はどのように進められているのだろうか（あるいは進められるべきなのだろうか）。こうした問題を具体的に捉えるため、本章では群馬県大泉町のブラジル人コミュニティおける日本語教育を取り上げよう。

1　大泉町におけるブラジル人コミュニティ

群馬県邑楽《おうら》郡大泉町は日本一外国人比率の高い地方自治体として知られる。現在、町民人口4万1209人に対し、外国人が6848人と約16・6%を占めている（2016年4月31日現在）。この町でとくに多いのがブラジル国籍の人々で、外国人人口の約6割を占める。それは町内の様子からもうかがえる。町内には多くのポルトガル語の看板やブラジル人向けの店舗を見ることができる。このため、大泉町はブラジルタウンとも呼ばれ、メディアでの露出も多い。

大泉町がブラジルタウンと呼ばれるようになったのは、1989年の入管法改正以降のことである。当時、日本政府は日系人に対して就労も可能な定住ビザを発行した。ブラジルからの入国者が増えた。そこで日系人の多かったブラジルから多くの在日ブラジル人が日本で得た収入をブラジルに送金していたため、「デカセギ」と呼ばれた。デカセギ一世

図表4-1　群馬県大泉町の位置

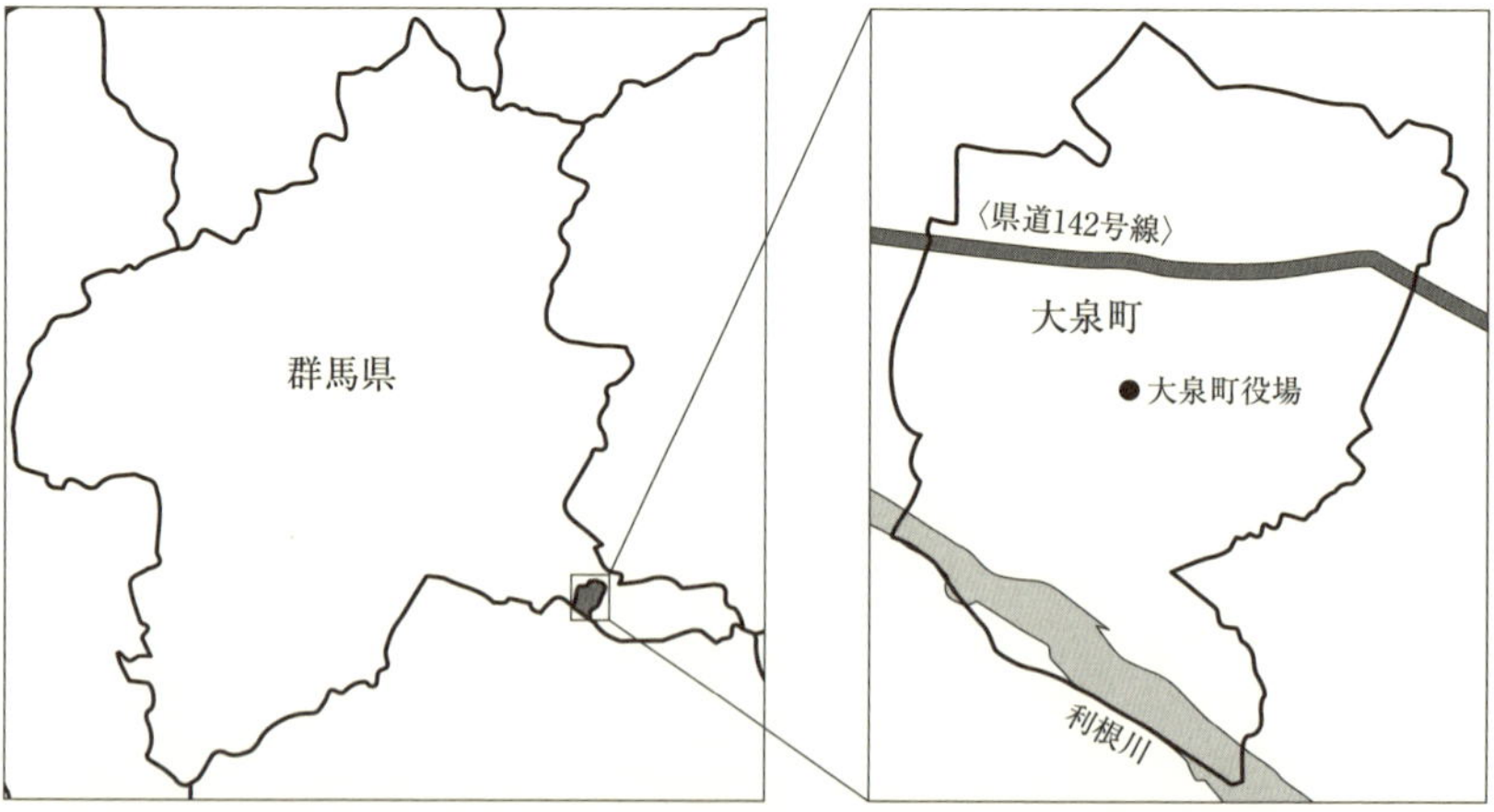

群馬県邑楽郡大泉町　大泉町は、群馬県南部に位置する地方都市で、邑楽町と千代田町、太田市、および埼玉県熊谷市に接している。産業の中心は工業。パナソニック（旧三洋電機）や富士重工業（スバル）の本工場、そして関連部品工場などが集まる。1990年以降、ブラジル人など南米外国人が増加し、定住化が進む。鉄道は東武小泉線が通り、東小泉駅と小泉町駅、そして終点の西小泉駅がある。この西小泉駅の手前に走る県道142号線（旧国道354号線）が大泉町のメインストリートとなっている。

は日系ブラジル人二世や三世であった。

デカセギ一世は主に工場労働者として働いていた。彼らは当初、単身赴任という形で日本にやってきたが、一時帰国を経て家族を伴って日本に戻ることも多かった。これによって、ブラジル人の集住が進んだ。

これに対して、大泉町は、ハローワークにポルトガル語が話せる通訳を置いたり、外国人の生活を援助する機関として「多文化共生コミュニティセンター」を設置したり、納税や保険などの情報を翻訳し、冊子で配ったりしている。

このようななかで、大泉町にはやがてポルトガル語だけでコミュニケーションが可能なブラジル人コミュニティが形成されるようになった。

ブラジル人人口の増加はエスニックビジネスの契機となった。

とくにブラジル人の生活に大きな影響を与えたのは、ブラジル人が経営する人材派遣・業務請負会社の設立である。ブラジル人系の人材派遣・業務請負会社は、日本各地に支店を開いており、日本人の雇用主との契約はもちろんだが、仕事場と自宅を結ぶ送迎バスの運行や住宅の斡旋などを率先して行ってきた。

それだけでなく、大泉町のそこかしこにポルトガル語の看板を掲げた商店やレストラン、在日ブラジル人の経営する大きなスーパーが建てられた。そこではポルトガル語が飛び交い、ほとんど日本人はいない。ブラジル料理のレストランでは日本人を見かけることもあるが、やはりブラジル人が多い。

さらに、ブラジル人コミュニティの拡大は、物理的な意味での生活空間だけでなく、メディアや教育分野にまで及んでいる。2000年代までは『インターナショナル・プレス *International*

日系ブラジル人　日系人とは、日本から海外に移住し、同地で国籍を取得するなどした者やその子孫を指す。ブラジルの場合、1908年に最初の移民が派遣された。当初、移民の多くはコーヒー農園などで単純労働に就いたとされる。やがて日本が高度成長を遂げて、世界第2位の経済大国となると、日系ブラジル人は富を求めて、祖国へと戻ってきた。この過程は専門的な書籍だけでなく、ドキュメンタリー映像などからも知ることができる。

Press』や『トゥードゥ・ベン *Jornal Tudo Bem*』などのポルトガル語週刊誌が発行されており、ブラジル国内のニュースだけでなく、日本におけるブラジル人コミュニティの動向などを紹介していた。これらの週刊誌はやがて廃刊されたが、代わって『アルテルナチヴァ *alternativa*』や『アシャ・ファシウ *Acha Fácil*』などのポルトガル語のフリーペーパーが流通するようになった。それらは求人広告を中心としながらも、国内外の動向をコラムとして掲載している。なお、近年ではその電子版をインターネットで閲覧することが可能である。

また、教育分野では「ブラジル人学校」と呼ばれるブラジル教育省の認可を受けたポルトガル語による教育機関ができている。ブラジル人学校は1990年年代後半から開校され、2008年のピーク時には全国で90校以上となった。その後、2009年の経済危機や2011年の震災を機に、急激にその数を減らしているが、大泉町周辺にはいまも4校が存在する。

ブラジル人学校は、基本的にはブラジル教育省の認可を受け、ブラジルの正規の学校として整備されている。そのため、カリキュラムはブラジルの法律に則って作られ、教員もブラジルの教員免許をもち、教科書もブラジルから取り寄せている。

ただし、ブラジル人学校は日本国内ではあくまで私塾扱いとなっており、正規の学校機関ではない。しかし、リーマン・ショック以降その数が減少するなか、文部科学省から各種学校認可を受け学校法人化するブラジル人学校も増えている。

2　大泉町における日本語教育

このようなポルトガル語だけで生活することが可能なコミュニティの形成によって、何年も日本にいても日本語が分からないブラジル人が増えていった。

とはいえ、リーマン・ショック以降は、ブラジル人の間で日本語を習得しようとする意欲が高まった。当時、実質的に雇用の調整弁として機能していたブラジル人を含めた外国人労働者はかなりの数が失職した。そのなかで、なんとか仕事が得られたのは、日本語をある程度理解できる者だったと言われる。そのため、この機会に日本語を勉強しようとするブラジル人が増えたのである。

◆大泉町の取り組み

こうした状況に対して、大泉町が手をこまねいていたわけではない。行政は以前からブラジル人を含む外国人に対して積極的に日本語教育を進めてきた（行政の取り組みについては、三田（2011）および大泉町ホームページを参照）。

第一に大泉町では全国に先駆けて、公立小中学校に「日本語学級」を設置した。日本語学級では、日本語指導が必要な児童に対して、担当教員とポルトガル語などで指導する日本語指導助手が、日本語や生活習慣を指導している。現在では、日本語学級は町内にある小学校4校と中学校3校の計7校すべてに設置されている。

また、子弟を含め、成人向けにも日本語講座が開講されている。コースは通年コースと定期コースに分けられる。通年コースは**日本語能力試験**N1～N5の全レベルに対応しており、毎週水曜日

日本語能力試験　日本語を母語としない者の日本語能力を測定し、認定することを目的として始まった試験。国際交流協会と現日本国際教育支援協会によって1984年に始められ、現在全世界の受験者数は約61万人にのぼっている。試験のレベルはN1からN5までの5段階。N1の難易度が最も高く、N5が最もやさしい。試験形式は、文字・語彙、文法、読解、聴解に分けられている。大学入試や就職などで日本語能力の証明として利用されることもある。

に開講されている。一方、定期コースはN1とN2の受験者を対象としており、3か月で12回開講される。これらは大泉町の支援を受けた大泉国際交流協会によって運営されており、低額で授業を受けることができる。

これに加えて、2007年からは大泉町の主導で「文化の通訳登録制度」が始められた。文化の通訳登録制度は、日本語能力のいかんにかかわらず、登録した地域の外国人が行政からの情報を同国人の家族や同僚、あるいは友人などに伝える役割を担うようにするものである。

◆ブラジル人学校における取り組み

大泉町ではこうした行政による取り組みと重なって、民間主導の日本語教育の取り組みがある。その中心的な役割を果たしているのが、ブラジル人学校である。

ここでは、ブラジル人学校における日本語教育プログラムとして、N校の事例を紹介していく（N校の事例については、齋藤（2009、2013）を参照）。

N校もまたブラジル教育省から認可を得ており、指定されたカリキュラムに沿って学習が進められている。したがって、学校組織は日本とは異なり、小中学校にあたる基礎教育科（Ensino Fundamental）と高等学校にあたる中等教育科（Ensino Médio）からなる。科目は、ポルトガル語、数学、科学、地理、歴史、芸術、英語、スペイン語などがある。また、中等教育科では哲学や社会学が加わり、科学が生物、化学、物理に細分化されている。そして、これらに外国語として日本語が加わる。

N校の場合、周辺のブラジル人学校に比べてとくに日本語教育が充実しており、すべての学年で週5コマ以上が日本語の授業に充てられている。各学年の授業内容は担当教員にゆだねられているが、目標は定められている。基礎教育科では卒業時に日本語能力試験Ｎ４に、中等教育科ではＮ２に合格することが目標となっている。

また、こういった通常授業に加えて補習授業もあるのがＮ校の特徴と言える。Ｎ校では編入者や希望者に対して日本語の補習授業を行っている。

補習は2種類ある。

一つは初学者向けの補習である。Ｎ校では、「先輩から学ぶ初めての日本語講座」と呼ばれている。同講座は以前文化庁から委託を受け、地域の在日ブラジル人に対して日本語を教えた経験を生かしたものである。同講座は、２００9年度に開始され、２０１０年度まで継続された。同講座では「ともに学びあう」ことをテーマとし、日本語ができる生徒が、できない生徒に日本語を教えるというプログラムとなっている。講座名にもある「先輩」とは前者を指している。現在、文化庁の委託は終わったが、１コマ45分で週１回（全15回）の講座が開かれている。

もう一つは日本語能力試験の合格を目的とした補習授業である。同教室は日本語能力試験の基準に合わせ、１コマ（45分）週3回開講される。Ｎ3からＮ５の受験者を対象としたクラスでは、試験対策問題を中心に語彙や日常会話などを学習している。Ｎ１とＮ２の受験者を対象にしたクラスでは、読解力の向上に力を入れた授業を行っている。基本的には受講者には12月に開催される日本語能力試験の受験が義務づけられている。

おわりに

このように大泉町では公的機関のみならず、民間のブラジル人学校などを通じて、日本語教育が進められている。それによって、とりあえずのところ、あらゆる年齢の外国人、とくにブラジル人に日本語を学ぶ機会が与えられている。

ところが、こうした取り組みにもいくつかの課題がある。

まずこれら大泉町で行われている日本語教育には相互の連携が乏しい。大泉町のボランティアの講座とブラジル人学校が共同して、日本語を教えるケースが稀であるだけでなく、公立校とブラジル人学校、あるいはブラジル人学校間の日本語教育に関する意見交換や共同研究の場はない。それゆえ、日本語教育に携わる者は孤立しがちである。このことは結果として、日本語教育の質を低下させることになる。学習者は場合によってはさまざまな場所で教育を受けることもある。しかし、彼／彼女の教育歴を継続的に、そして適切に評価することはできない。それぞれの機関が関連性をもたないためである。

また、以上の日本語教育が必ずしも在日ブラジル人のキャリア形成に結びついていないという点も指摘できる。たとえば、ブラジル人学校でも、中等教育科修了後のキャリアについて指導が行き届いていないケースが見られる。日本語能力試験Ｎ１などを取得しても、それを進学・就職に生かせていない卒業生も少なくない。

一方、公立小中学校における在日ブラジル人のキャリア教育については、筆者は十分に理解できていない。ただし、筆者が経験したケースでは、ブラジル人学校から公立の中学校に転学し、日本の高等学校に進学したが、後に退学し、ブラジル人学校に再入学した者がいた。その者の場合、高等学校の授業内容を理解できる日本語力はなかった。

これに対して、筆者は地域日本語教育コーディネーターの恒常的な設置と権限の拡張を提案できないかと考えている。これまでも地域の日本語教育に携わるコーディネーターの導入や育成については文化庁などが主体となって進めてきた。しかし、こうした試みは必ずしも十分と言えない。筆者の考える制度は、地域すべての、すなわちボランティア日本語講座、公立学校の日本語学級、ブラジル人学校の日本語教育の運営状況を把握し、カリキュラムや授業内容、そしてキャリア教育をサポートすることができる人物を常駐させるというものである。具体的に言えば、コーディネーターは地域の日本語学習者の学習状況を管理しながら、より効率的な教育法や教育システムを構築することになる。また、キャリア教育の分野でも、日本語が十分に運用できるようになった外国人に適切な仕事を紹介したり、進学をサポートしたりすることも求められる。したがって、大学やハローワークなどとの連携も必要となる。

ただし、コーディネーターが日本語教育に携わる人々の活動を監視することは避けなければなるまい。とくにブラジル人学校との関係は注意が必要である。ブラジル人学校のなかには各種学校の認可を受けているものもあるが、あくまで私塾あるいはブラジルの教育機関として位置づけられるからである。すなわち、コーディネーターに求められるのは、強力なリーダーシップだけでなく、それぞれの状況を理解する寛容性であり、それに応じて対応する柔軟性なのである。

●ディスカッション・タイム●

現在、日本のさまざまな地域で日本語の指導が必要な外国籍児童が増えている。あなたがすでにその児童の話す言語を習得していれば、それを駆使して日本語を教えることが可能だろう。ただし、なかには講義よりも対話や議論を好むような、日本とは異なる教育方法で育ってきた児童もいる。また、食事や身体表現において文化的なタブーも存在する。あなたが日本語を教えるとしたとき、どんな点に留意すべきだろうか。

◎参考文献——さらなる学習に向けて

・大泉町ホームページ　http://www.town.oizumi.gunma.jp.
・齋藤俊輔（２００９）「ブラジル人学校における日本語教育——群馬県邑楽郡大泉町Ｎ校の教育現場から」『*Encontros Lusófonos*』（11）、49－59頁
・齋藤俊輔（２０１３）「在日ブラジル人学校における日本語教育の現状——Ｎ校における江副式日本語教授法の導入を事例に（アジア地域から見た教育文化——それぞれのフィールドから）」『大東アジア学論集』（13）45－58頁
・馬渕仁編著（２０１１）『「多文化共生」は可能か——教育における挑戦』勁草書房
・三田千代子編著（２０１１）『グローバル化のなかで生きるとは——日系ブラジル人のトランスナショナルな暮らし』上智大学出版

第2部　多文化共創まちづくりへの基礎知識

第5章　エスニック・コミュニティと行政の役割
――外国籍住民が「主体」になるために

長谷部　美佳

はじめに

日本に在留する外国籍の住民が210万人近くにのぼるなか、彼らの多くが集住傾向にあることはよく知られるようになった。群馬県の大泉町のように、人口の16％以上が外国籍住民であるところがあり、「ブラジリアン・スーパー」がテレビで紹介されるような地域もある。現在、外国籍住民の利便性や暮らしやすさを担保するものは、インターネットなど、いわゆるネット上のコミュニティの存在であったり、あるいはトランスナショナル・コミュニティのような、必ずしも地理的な「場所」や「空間」的な集まりを基盤にしないようなコミュニティであったりすることもある。その一方、従来型の、「コミュニティ」という言葉からイメージされるような、「地域共同体」的な外国籍住民のコミュニティというのは、集住地域で存在し続けている。

本章では、こうした集住地域に存在する、いわゆる地理的な場所を共有するような「**エスニック・コミュニティ**」の役割について概観し、昨今、行政との連携の強化などに見られるような、エスニック・コミュニティの役割の変容について記述する。そのうえで、エスニック・コミュニティが今後の外国籍住民の「定住」に果たす役割の展望を述べることを企図している。

エスニック・コミュニティ　基本的には、共通の出身地、共通の言語・文化的背景をもつ人々によって構成される社会的集団のことであり、多くの場合、その集団の構成員が居住する場所も共通である。ある特定の地域に、共通の文化的背景の出身者が集まって居住することが多いため、その特定の場所を地理的に指して、エスニック・コミュニティと呼ぶことが多い。地理的な集住地域の場合が多いので、同郷出身者のための互助組織や宗教施設、教育施設を備えている場合も多い（178頁も参照）。

1　日本のエスニック・コミュニティの現状

まず本節では、簡単に日本のエスニック・コミュニティの現状を概観してみたい。

そもそもエスニック・コミュニティとは何なのか。オンラインの『オックスフォード英英辞典』には、「エスニック・コミュニティ」という言葉は使われておらず、代わりに「エスニック・グループ」という言葉で、「コミュニティあるいは共通の文化的背景か、その出自をもった人たちによる集団」と説明されている。あるいは、居住地と言語を共有していることを第一の特徴とし、第二には共通の宗教をもっているメンバーで構成されている場合が多いという定義もある。またそれだけではなく、チャイナタウンのように、学校や宗教施設が必ずあることがエスニック・コミュニティの条件であると考える場合もある。

これら定義を見ると、同じ文化的背景をもった人たちが、近くに集まって住んでいる外国籍住民の集住地区は、「エスニック・グループ」による「コミュニティ」であり、エスニック・コミュニティと考えてよいだろう。実際、多文化共生にかかわる人々の間でも、「あそこに移民コミュニティがある」と言う場合、往々にして**集住地域**のことを指している。

日本ではこうした集住地区がいくつも散見される。先に述べた群馬県大泉町のほか、浜松市や東京都といった政令指定都市や首都でも外国籍住民の割合が3％を超えるところがある。東京都のなかでも新宿区などは、外国籍住民の割合が10％を超えている。ちなみに、外国人集住都市会議に参加している自治体のなかでは、15市町で外国籍住民の割合が3％を超えている。一方、国籍別でどこに在住しているのかを見てみると、中国出身者が最も多く住んでいるのは東京都で、次いで神奈

集住地域　移民（外国人）が、移動先の社会のなかで生活をする際、自分と同じ出身地、あるいは言語文化的背景をもつ、先住の移民が多数暮らしている地域で、生活をスタートさせることが多い。そのため、ある特定の地域に外国人が集まって暮らす場所が出現する。また、とくに1990年の日系人の急増以降、公営住宅や UR などの団地が外国人の集住地域となっている場所も複数見られる。多くの場合、こうした集住地域とエスニック・コミュニティは重なっている。

川県、埼玉県である。韓国・朝鮮出身者は、大阪府が最も多く、次いで東京都、兵庫県。フィリピン出身者は愛知県が一番多く、次いで東京都、神奈川県だが、岐阜県や静岡県などにも1万人以上が暮らしている。またブラジル出身者は愛知県が最も多く、次いで静岡県、三重県と、東海地方の県が並んでいる。

以上のことから言えるのは、政令指定都市、あるいは東海や北関東のいわゆる「太平洋ベルト」と周辺地域に多数の外国籍住民の集住地区があり、その集住地区にはある程度の住み分けが見られるということであろう。

2　エスニック・コミュニティの役割と限界

外国籍住民がお互いの近くに住み合うのは、それが便利だからだ。とくに◯◯人向けというわけではないにしろ、やはり日系ブラジル人が住む地域には、ブラジルの雑貨が手に入るスーパーがあり、ポルトガル語でミサを実施してくれる教会もある。近くに住んでいれば、ポルトガル語で知り合いとコミュニケーションができるし、仲間と集まって娯楽を楽しむこともできる。

筆者は浜松に出かけたとき、ブラジル人向けのスーパーで、ポルトガル語で書かれた求人広告を目にした。当然、ポルトガル語で書かれた求人なので、日本人は読むことができず、日系ブラジル人に向けた求人広告である。日系ブラジル人が就くことのできる仕事の情報は、ブラジル人が多数住んでいるところでなければ出回ることはないだろう。

アメリカの社会学者であるポルテスとルンバウト（２０１４）は、移民コミュニティの機能とし

エスニック・コミュニティの役割　移民（外国人）が、移動先で定住する場合、エスニック・コミュニティが重要な役割を果たすということは、これまでの移民研究のなかで数多く明らかにされてきた。とくに移住後の初期段階では、居住場所や雇用情報を提供する、異文化における精神的な負担を軽減するなど、さまざまな資源を提供することが知られている（82頁も参照）。

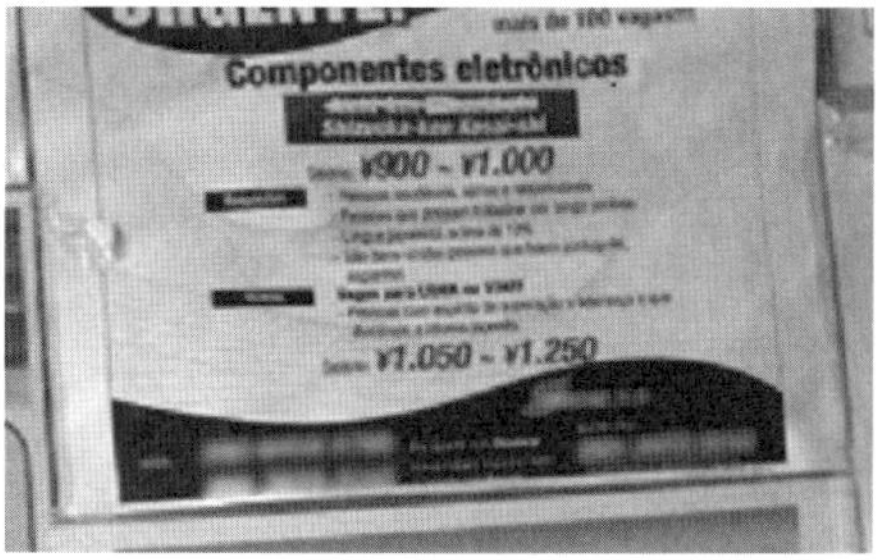

ポルトガル語で書かれた求人広告
（浜松市内のブラジル人向けスーパーにて、筆者撮影）

て、①移民にとって、なじみのない異文化の衝撃をクッションとなって緩和する、②新しく来た移民が仕事を探すのを手伝ってくれる、③住居、買い物をする店、子どもの通う学校など、彼ら移民が生活するのにすぐにでも必要になることについて情報を提供する、としている。福井（２００５）は、①生活を維持確保するための情報共有化と情報交換、②就職先情報の交換、③生活に関する地方自治体の情報交換、④癒しと娯楽の共有化を挙げている。福井は、さらに5番目の点として、日本人との交流の場としての機能を挙げている。

一方、エスニック・コミュニティの役割には、当然のことながら限界、あるいは場合によっては移民にとっての弊害も指摘することができる。前述のポルテスとルンバウト（２０１４）は、「コミュニティが差し伸べる援助の手は、それぞれのコミュニティが持っている情報や資源の範囲内に限られている」とし、その結果として移民の社会上昇が限定的になってしまう可能性も指摘している。移民本人の能力が高い場合でも、受け入れ先のエスニック・グループが提供できる支援によっては、非常に限定された職業にしか就けないこともありうるとしている。実際、浜松の就職情報などに見られるように、日本のエスニック・コミュニティでは、日本語ができなくても就くことのできる仕事の情報が出回っているが、その結果として、仕事を探しやすい反面、職種は、いつまでたっても日本語の必要のない単純労働の不安定雇用ということになってしまう。多くの外国人労働者は、なかなか社会上昇が果たせない社会構造になっているのだ。

日本語ができなくても仕事が見つかれば、生活は安定する。しかし反面、日本語を学習しようという、労働者の意欲はなくなってしまう。労働者本人たちはそれでかまわないかもしれないが、それは子どもたちに大きな影響を与えることになる。家庭内での言語が日本語ではないこと、親が日本の教育制度に対する理解を深められないことなどから、子どもの教育達成には、負の影響を与えることにもなってしまう。

またコミュニティ内部の同属意識が強ければ強いほど、その価値観と合わない人は、排除されることになりうる。移民コミュニティは、本国社会の価値観、社会的地位をそのまま持ち込むこともあるので、本国で社会的に弱い立場に置かれがちな人たちは、移民先でも弱い立場に置かれる傾向にある。長谷部（２０１０）は結婚移民として移動してきた女性たちが、移民コミュニティのなかで社会規範（嫁規範）などを押しつけられるケースを指摘したが、コミュニティのあり方が、必ずしも移動する女性たちの「支援」にはならない場合もある。日本の事例ではないが、アフリカの女性たちが移動先でも性器切除をされるケースなども、コミュニティの規範が女性の移動者に不利益をもたらすケースと考えられるだろう。

３　エスニック・コミュニティと行政の連携

コミュニティがこうした役割を果たす一方、近年では、行政機関のなかにも積極的にホスト社会との関係を強化するところが現れている。

２０１５年12月に自治体国際化協会の主催で、初めて「外国人コミュニティ全国会議」が行われ

エスニック・コミュニティと行政の連携　エスニック・コミュニティと行政機関との連携は、東日本大震災後、とくに盛んに行われるようになっている。自治体国際化協会などを管轄する総務省が2012年に出した報告書のなかで、多文化共生の推進のためにエスニック・コミュニティとの連携が必要と謳っており、こうした動向を受けて、各地の国際交流協会とエスニック・コミュニティとの連携が促進されているものと見られる。

た。そのなかで自治体国際化協会による外国人コミュニティの調査結果が報告された。全国で外国人による「コミュニティ」が多数存在しているなか、神奈川県に最も多くの団体が存在し、兵庫県なども数が多いという。国別に見ると、中国のコミュニティが最も多く、その後、韓国・朝鮮籍のコミュニティ、フィリピンのコミュニティなどが続く。日本人配偶者や留学生が立ち上げた団体が多いが、国に関係なく、「多国籍」の外国人のコミュニティとなっているところもある。活動内容としては、日本での生活に関する情報交換、地域行事への参加、また、多文化な子どもたちへの母語教育が多いという。

また当日は、全国から5団体の報告参加があったが、ほぼすべての団体が、行政のパートナーとともに参加していた。連携の形は、助成金の提供と団体に対する運営の助言が多い。エスニック・コミュニティと行政との連携が進んでいることを示す報告会であったと言えよう。

最もコミュニティが多く存在している神奈川県は、さらに、独自の調査を進めている。かながわ国際交流財団（2012）では、その報告書で、コミュニティを「組織形態が整備されている団体に限らず、同国人同士のさまざまな活動において育まれている人間関係、寺院や店舗等の場で生まれるゆるやかなつながり、インターネットを活用した情報交換活動なども含む」としている。本章で論じている「空間的な場」を共有するコミュニティとは、質が異なるものが含まれているものの、26団体への調査結果を報告している。そのなかには中国の団体が6、韓国・朝鮮の団体8、フィリピンの団体5、ブラジルの団体4、ペルーの団体4が含まれているが、生活の課題に対しての取り組みが積極的に行われているのは、フィリピン人コミュニティのように見える。日系ブラジル人や日系ペルー人のコミュニティが、積極的に活動をしているにもかかわらず、その活動がコミュニティ全体に届いていないと感じているのに対し、フィリピン人コミュニティの聞き取りからは、行政への同行支援、家庭訪問や教会を利用したサポート、調査や職業訓練などの活動を実施していることが読み取れる（かながわ国際交流財団、２０１２：24頁）。

また、こうした調査を実施していることそのもので、各団体とかながわ国際交流財団といった行政の関連団体との情報共有や連携が進んでいると考えることもできるだろう。

4　エスニック・コミュニティと地域、市民団体との連携

エスニック・コミュニティは、行政との連携だけでなく、地域の組織やＮＧＯなどの市民団体との連携も進めている。とくに、日本人との交流を促進する形での連携は、コミュニティがある地域の日本人の社会側からの期待だけでなく、行政がエスニック・コミュニティをホスト社会との交流の鍵として、期待をかける形で進んでいる。

実際、先に述べたかながわ国際交流財団（２０１２）の報告では、外国人コミュニティに「ホスト」（外国人住民を受け入れる社会のこと）との交流のありようを聞いている箇所があり、そのなかで、たとえば「あーすふぇすた」という国際交流イベントに参加することで、地域やホストと交流していると答える団体も、中国や韓国・朝鮮の団体にはいくつかあった。

筆者は、２０１６年のカンボジアフェスティバルの実行委員を務めたが、毎回、在日カンボジア人の主催団体、留学生、カンボジア大使館、それにカンボジアに関心のある日本人の数名で会議を行った。フェスティバルを通して、外国人コミュニティの存在を広く知ってもらい、ホストとつながっていくという活動は、近年とくに目立っている。

もっと地道な活動もたくさんある。神奈川県のある県営住宅のなかで活動する団体「多文化まちづくり工房」は、「エスニック・コミュニティ」ではないものの、外国にルーツをもつ若者たちを積極的に団体運営にかかわらせ、また活動を通じて地域と外国籍住民が交流できるような場を作っている。

5　外国籍住民——支援対象から地域の主体へ

ここでは、前節で述べた外国にルーツをもつ若者たちが積極的に参加する活動について、改めて紹介することで、地域主体としての「外国人住民」について考えてみたい。

２０１４年6月、ＮＨＫの番組『ハートネットＴＶ』で取り上げられた若者たちの活動がある。先に述べた団体「多文化まちづくり工房」に参加する若者たちの活動だ。番組のなかで彼らは、自治会の依頼を受け、大雪後にゴミ収集スペースの建物を修繕していた。

彼らの活動地は、神奈川県の県営住宅だが、こうしたところでは日本人住民の高齢化が進み、とくに団地の運営に関する面で、さまざまな困難を生み出している。たとえば役員だ。いわゆる町を構成している自治会では、それぞれの会員が役員を交代で務めるのが普通だ。この団地では70歳以上の住民は役員が免除になる仕組みがあるが、とすれば、高齢化率6割を超す自治会では、役員をできる人たちが10人に4人しかいないことになる。高齢化率だけでなく、外国籍住民の世帯が2割から3割あるこの団地では、残りの2人から3人は外国籍住民という勘定になる。「外国籍住民」を役員から外していたら、実質的には自治会運営は不可能である。また、イベントの運営も同様だ。

年に一度開かれる団地の祭りでは、テントを立ち上げ、片づけるのも、日本人住民だけではほぼ不可能である。

こうしたなかで、「まちづくり」を目指した活動を進めているのが先述の団体「多文化まちづくり工房」である。「多言語防災パンフレット」の翻訳を通して関係を構築した消防と連携し、外国籍／外国につながる若者に、普通救命講習などを受けてもらう。その彼らを集めて防災訓練に多言語で参加し、ＡＥＤの使い方を多言語で説明する。地震の際の機材の使い方などをデモンストレーションする。こうした防災活動に積極的にかかわる若者のグループを立ち上げ、「トライエンジェルス」と名づけ、活動を開始した。防災訓練などでのデモンストレーションを通して、日本語ではない言葉を話す若者たちが地震の際には住民を助けてくれるかもしれない、という可能性を披露する。団地内での活躍が理解されると、徐々に自治会活動などへの参加依頼が来るようになった。週１回放送される団地放送を多言語化し、自治会の役員会にも通訳を出している。この活動を通じて、彼らの信頼が増すのと同時に、彼らを通して、日本語で話すことが必ずしも得意ではない外国籍住民も、自治会運営などの「**社会参加**」が可能となっている。

そうした取り組みが、『ハートネットＴＶ』で紹介されたのである。そこに映っていた彼らは、「地域で信頼してもらえるのがうれしい」「支援されてきたのでそのお返しがしたい」と述べている。そこで取り上げられた二人の若者は、一人は地元の中小企業で働き、０・１ミリ単位の部品の仕上げをしつつ日本の匠の技を学んでいきたいと語り、もう一人の若者は、大手自動車メーカーで働きながら、板金などモノづくりの技術を競う五輪に神奈川県の代表として参加し、いまは後進の指導にあたっている。彼らは地域社会に貢献する「人材」なのである。

社会参加　これまで、日本に在住する外国人は、支援の「対象者」であるという認識が、広く受け入れられてきた。しかし東日本大震災の際には、被災地での炊き出しや物資の供給など、支援する側に回った被災地外の外国人が多かった。これをきっかけに、外国人は支援の「対象者」から「提供者」であるとの認識が生まれつつある。こうしたなかで、彼らの活躍を「社会参加」として捉える動きが出てきている。

おわりに

皆さんに一番理解してもらいたいのは、「外国人」は支援対象であるばかりでない、地域社会や次世代の育成を担う一員であること、そのためにエスニック・コミュニティと行政や市民社会との連携が、すでに多くの地域で動き出しているということである。この動きこそ、多文化共創につながる一歩と言えるだろう。

◎参考文献――さらなる学習に向けて

・かながわ国際交流財団（2012）「外国人コミュニティ調査報告書」
・長谷部美佳（2010）「結婚移民に対する移民ネットワークと移民コミュニティの役割――インドシナ難民の配偶者の事例から」『社会学論考』（31）1－27頁
・長谷部美佳編著『多文化社会読本――多様なる世界、多様なる日本』東京外国語大学出版会
・福井千鶴（2005）「移民社会におけるコミュニティーの形成とコミュニティー・ネットワークの確立手法の一考察」『高崎経済大学論集』47（4）、135－156頁
・ポルテス、アレハンドロ／ルベン・ルンバウト著、村井忠政ほか訳（2014）『現代アメリカ移民第二世代の研究――移民排斥と同化主義に代わる「第三の道」』明石書店

・ディスカッション・タイム・

外国籍住民が集住している地域では、数多くの外国人支援団体が活動し、多くの人がそこに集っている。そこは、実際に外国籍住民に話を聞くことのできる重要な場でもある。ただし、相手に失礼にならないように気をつけなくてはならないこともあるだろう。長期的にエスニック・コミュニティと良い関係を築くために、どんなことができるだろうか。話し合ってみよう。

第6章　企業が取り組む多文化共創

――ＣＳＲとダイバーシティ・マネジメント

郭　潔蓉

はじめに

日本政府が公表する統計に「移民」という項目は存在しない。では、日本に定住し、独立した生計を営む日本人以外の人々はどのような呼称で表現するのが正しいのだろうか。実際のところ、政府統計によると、日本社会における住民は「国民」と「外国人」の二つの大きな括りで分けられている。長い間、両者にはある程度の隔たりがあるように感じられてきたが、近年その意識が変わりつつある。その要因として、企業が取り組む組織の国際化が背景にある。とくにここ数年、グローバル人材として外国人を積極的に採用する企業が増えつつあるなかで、日本に長期滞在をする外国人も増える傾向にある。しかし、両者の垣根が低くなればなるほど、さまざまな課題も浮き彫りになってきている。本章では、そうした背景を踏まえ、企業が推進するダイバーシティ・マネジメントの側面から多文化共創を考えてみよう。

1　グローバル化と企業組織の多国籍展開

「ボーダーレス」という言葉が、今日の企業活動において頻繁に使われるようになってきた。その背景には、世界的な**グローバル化**の深化により、ヒト・モノ・カネ・情報といった経営資源が国境を越えて移動をするという経営環境の劇的な変化がある。こうした経営環境の変化は、より廉価な労働力と巨大な市場を求める企業原理に則って、多くの企業の海外直接投資を促し、市場における「多国籍企業」の存在をいっそう際立たせるようになった。とくに厳しい競争環境に置かれている先進国の企業の多くは、市場における優位性を求め、競い合うようにして新興国への投資を加速させてきた。日本の企業も例外ではない。経済産業省の調査によると、2013年度における日本企業の現地法人企業数は2万3927社であり、バブル期絶頂であった1989年度の3・76倍にものぼる（図表6－1）。

しかし、企業が海外進出をするのは、競争優位に立つことだけが目的ではない。ここ数年の動きを見ると、企業が多国籍化の傾向を強めている大きな理由は「リスク分散」と考えられる。日本企業に限らず、多くの企業はこれまで巨大市場に投資を集中させる傾向が非常に強かった。たとえば、中国やインドといった人口大国に一極集中した投資を行い、豊富な労働力と巨大市場における購買力の双方による恩恵を享受してきた。しかし、その一方で、限られた地域への集中的な投資は投資先国の政治経済の変化に左右される危険性が高く、投資が大きければ大きいほど、抱えるリスクも増大した。とくに近年では、投資先の反日不買運動や経済停滞による影響を受けている企業も少なくない。

グローバル化　通信技術の飛躍的進化、交通手段の発達、情報網の世界的進展により、ヒト・モノ・情報の移動の容易化が進み、市場の国際的開放につながったことからカネの流通も活性化した現象を指す。この現象により、国家同士の相互依存も進んだ。

図表6-1　多国籍企業の増加

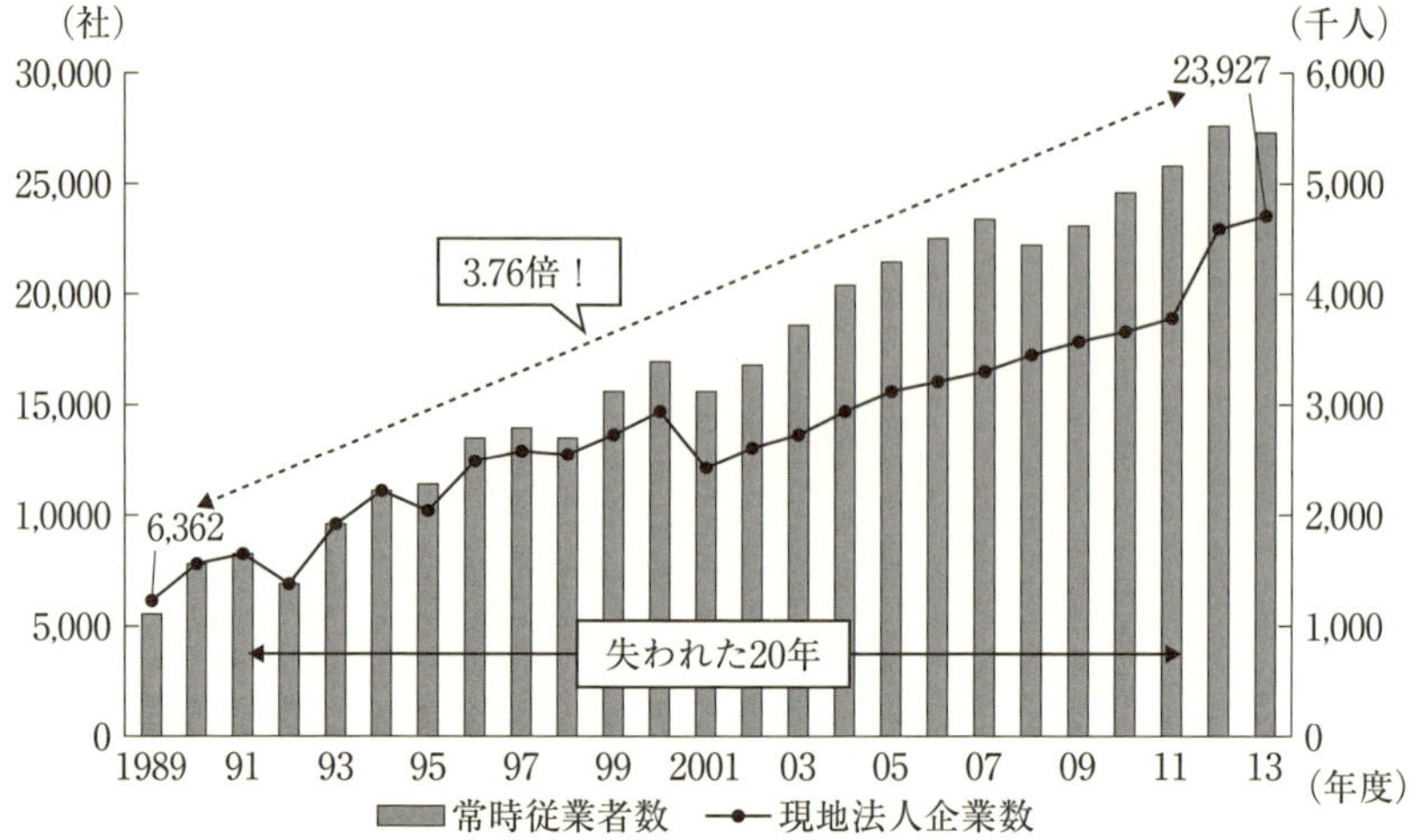

出典：経済産業省「海外事業活動基本調査」をもとに筆者作成。

こうしたリスクを回避するためには、周辺国への工場移転や市場の活路を見出すことが肝要である。具体的には、生産拠点を隣国に移転し、販売を市場の大きい国に展開するといった生産と販売を相互補完する形での多国籍展開を行っている企業が増えているのである。

◆企業における従業員の多国籍化

企業の多国籍展開の傾向が強まるのに伴い、企業内における組織体制もグローバル化傾向を強めている。投資先国が増えれば増えるほど、組織内における従業員の多国籍化が加速するのは言うまでもない。こうした傾向のなか、企業組織の国際化には二つの特徴が見られる。一つ目は、投資国における雇用の国際化である。前述のように、生産と販売を異なる投資先で相互補完する場合、双方の投資先の現地人材を雇い、連携が円滑になるよう配置しなければならな

図表6-2　日本企業の就職を希望する留学生の推移

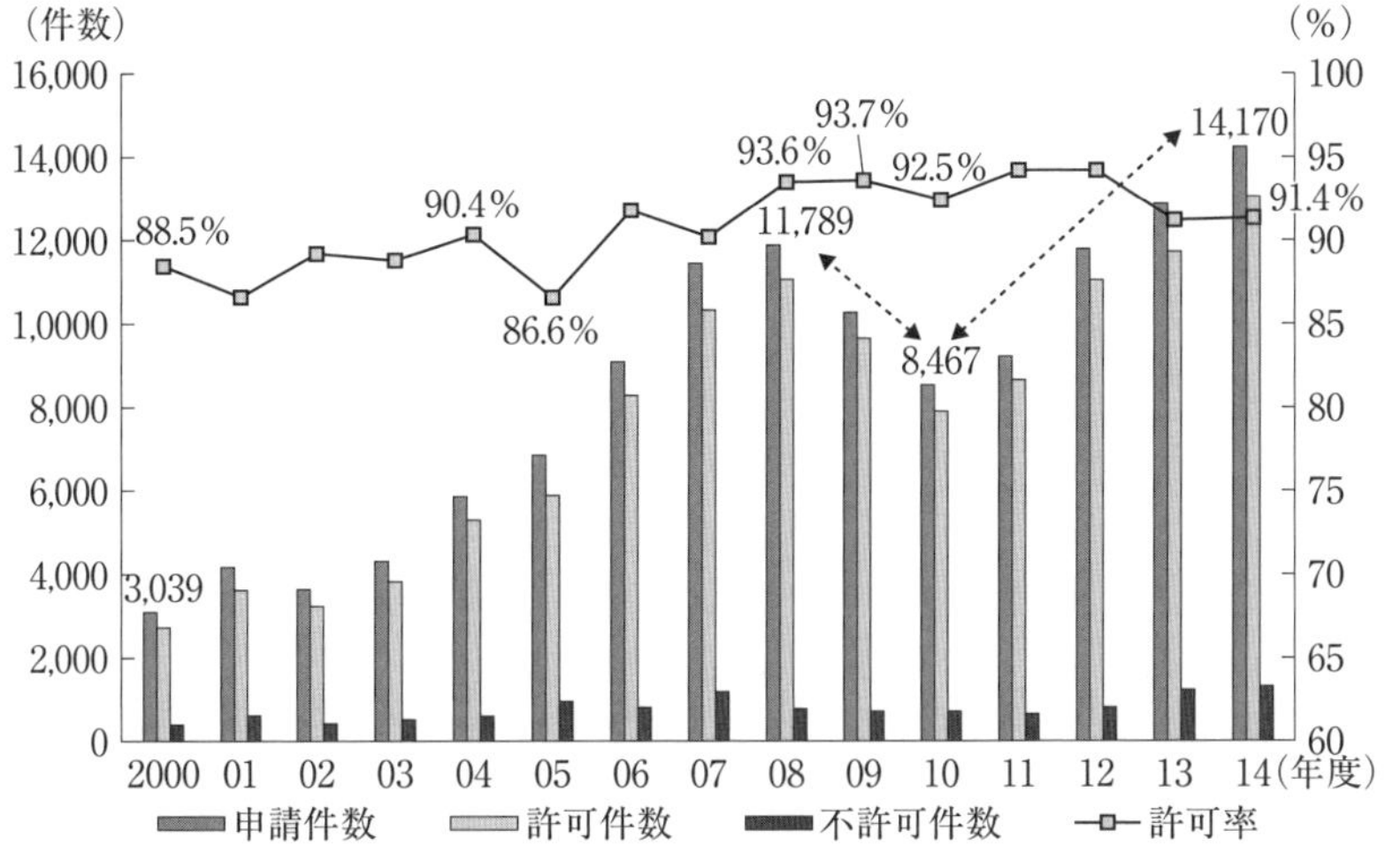

出典：法務省入国管理局「留学生の日本企業等への就業状況について」（2012年７月、2015年７月）をもとに筆者作成。

い。もう一つの特徴は、国内組織における雇用の国際化である。近年の傾向では、本部において投資先国籍の新卒者を採用し、一定期間の研修を経て、投資先に配置するといった採用を行っている企業が増えている。投資先が複数国にわたる企業では、必然的に組織の多国籍化が進行する。

一方で、日本の国内市場におけるグローバル化も無視できない。この動向は、日本を訪れる訪日外国人数の急増が大きく影響しており、２０１５年には過去最高の１９７３万人を記録している。訪日外国人の増加は前年比47・１%という勢いで増えており、オリンピックに向けてこの潮流はしばらく続くものと予想される。つまり、国内市場においても消費者の多国籍化が起きており、こうした変化に対応するためにも企業における外国人雇用は、今後もますます増加すると思われる。

図表6－3　外国人労働者数と外国人雇用事業者数の推移

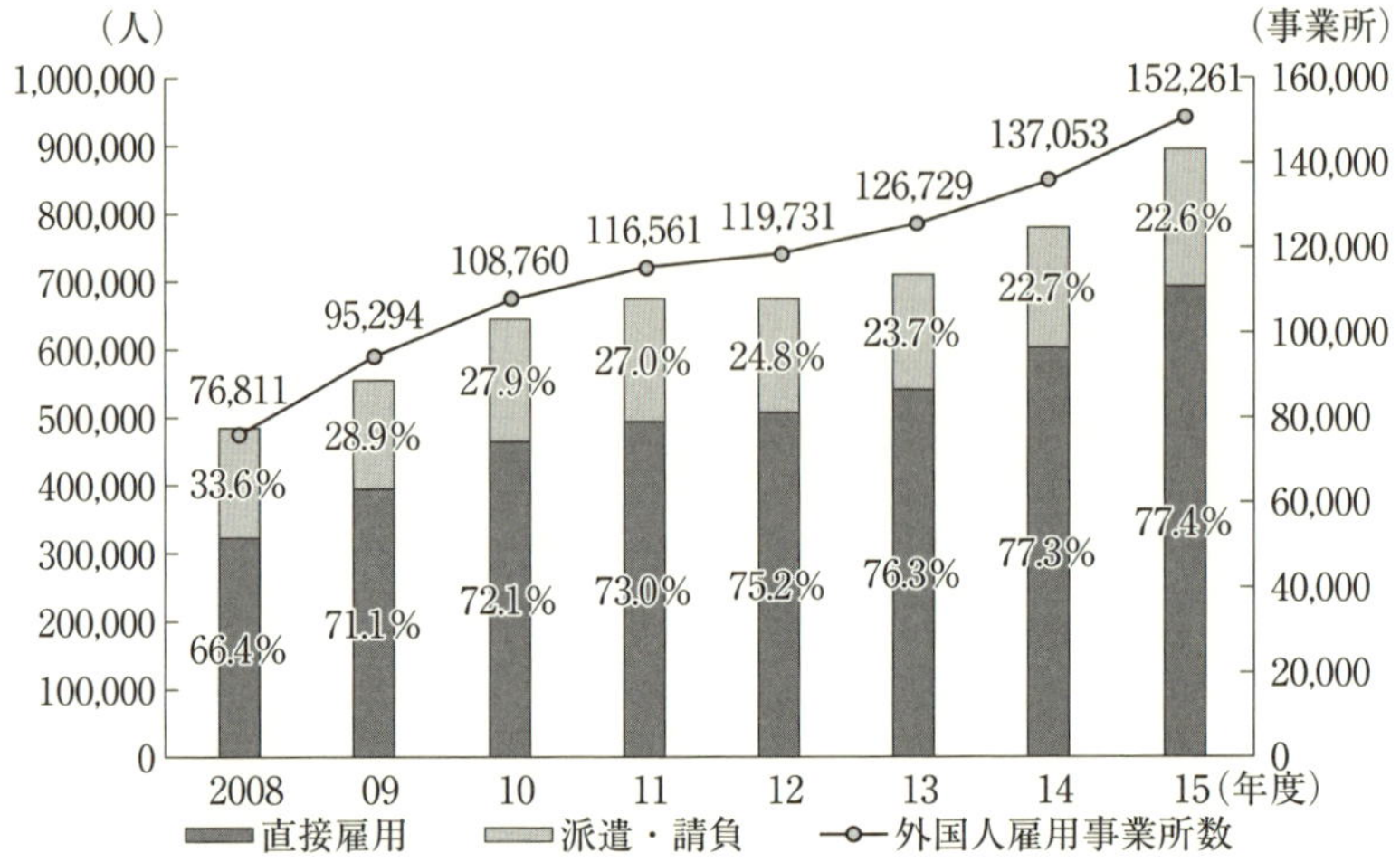

注：各年度の数値は、10月末現在の数値である。
出典：厚生労働省「外国人雇用状況の届け出状況」（2008年10月～2015年10月）をもとに筆者作成。

◆企業の外国人雇用状況

企業の多国籍化傾向は、日本における外国人留学生の進路からも見て取れる。入国管理局の調査によると、日本における外国人留学生による就業ビザ申請数は、リーマン・ショック後に一時的な減少が見られたが、２０１０年度以降は増加の一途をたどっており、企業の多国籍化傾向を裏づけている。２０１４年度の年間申請数は１万４１７０件を記録しており、15年前と比較をすると約４・７倍の増加である。申請に対する許可率は、ここ15年間で平均して90・８%と高い割合で推移している（図表６－２）。

外国人雇用の増加（図表６－３）に伴い、厚生省は２００７年10月１日より**外国人労働者**を雇い入れる企業に対して、外国人雇用状況の届出制度を義務づけている。この制度により、外国人を雇い入れている事業者は、雇用する外国人の氏名、在留資格、

外国人労働者　日本国籍でない者で、在留資格のうち「外交ビザ」「公用ビザ」「特別永住者」を除く就労ビザを有する者。一般的には、自国において、他国からの労働者を受け入れたときに捉えた場合の呼称である。「移住労働者」とも呼ばれる。通常、海外からの出稼ぎ労働者も含まれる。

図表6-4　国籍別外国人労働者の割合と推移

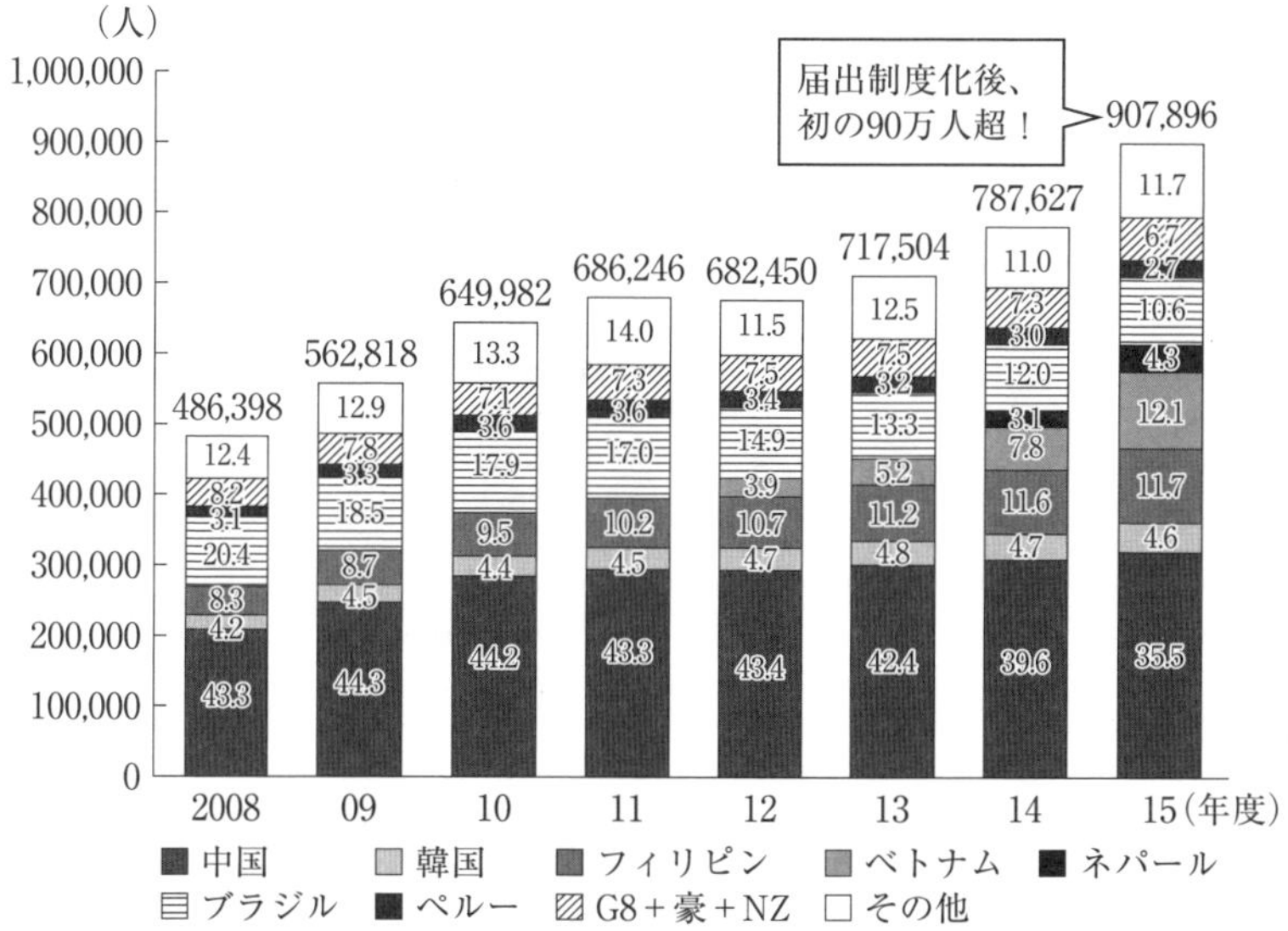

注1：各年度の数値は10月末現在の数値である。
　2：棒グラフ内の数値は各国籍別外国人労働者の割合（%）。
出典：厚生労働省「外国人雇用状況の届け出状況」(2008年10月～2015年10月）をもとに筆者作成。

在留期間、生年月日、性別、出身の国籍・地域、資格外活動許可の有無、雇い入れまたは離職年月日、雇い入れにかかわる事業所などを管轄するハローワークに届け出なければならない決まりとなっており、この義務を怠ると30万円以下の罰金の対象となる。厚生労働省より毎年発表されている届出状況によると、2008年10月末の数字では約48万6000人台であった外国人労働者は、わずか7年の間に約1・87倍の90万8000人弱に膨れ上がっている。国籍別では、依然として「中国」が最も多く、全体の35・5%を占めているが、近年では「ベトナム」が急増しており、これまで不動の2位であった「フィリピン」を抜いて12・1%を占めるまでに増加して

図表6-5　産業別外国人雇用事業所の割合

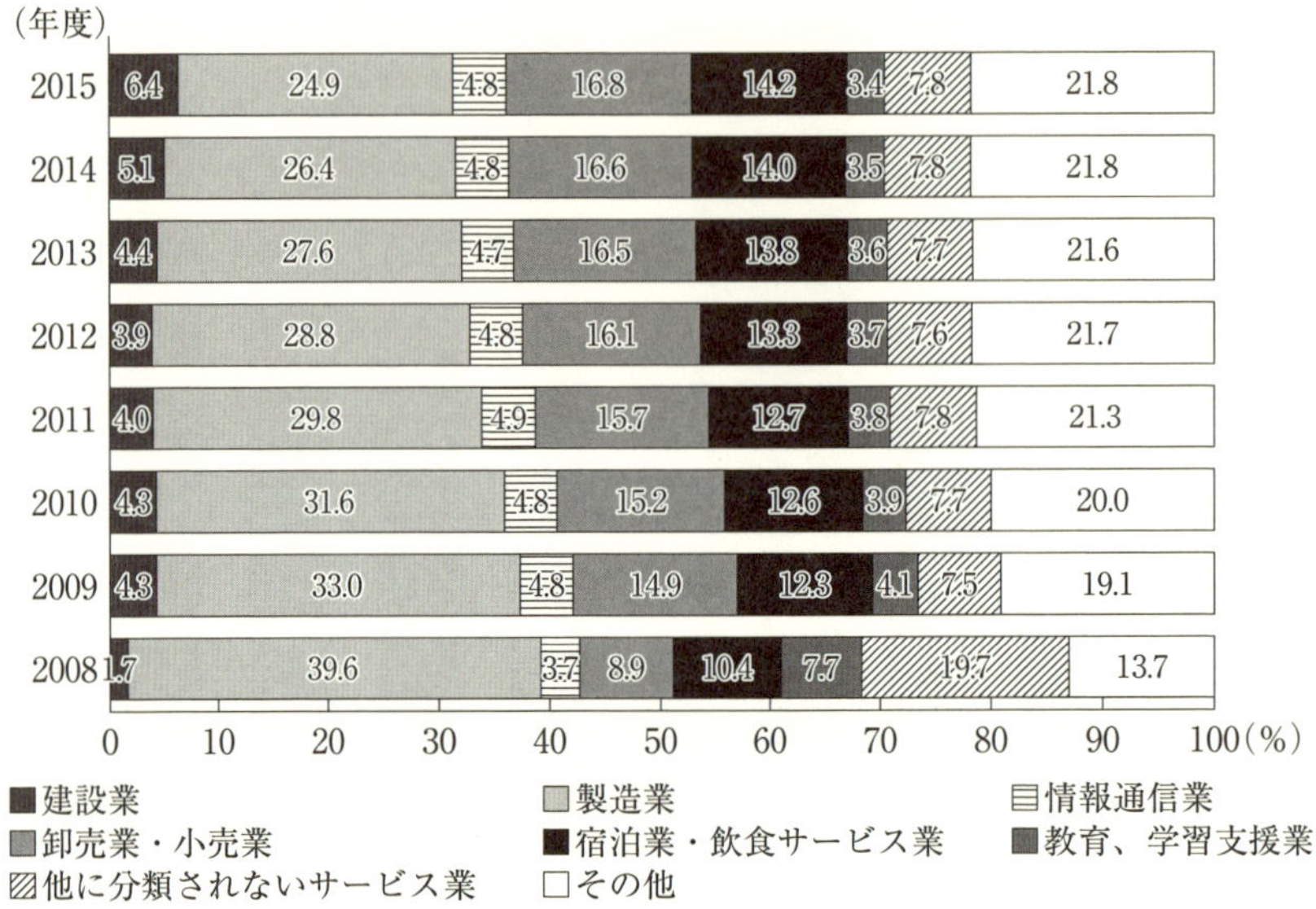

注：各年度の数値は10月末現在の数値である。
出典：厚生労働省「外国人雇用状況の届け出状況」(2008年10月～2015年10月）をもとに筆者作成。

いる。「ネパール」も２０１４年以降に急増し、日系人の多い「ペルー」を抜き、「韓国」に迫る勢いである。「その他の国籍」も増加傾向にあり、外国人労働者の多国籍化が進んでいるのが分かる（図表６－４）。

産業別で見てみると、製造業に従事する割合が最も高く、その傾向は届出制度が開始した当初から変わらないが、約４割を占めていた割合は２０１５年には24・９％と減少し、多業種における雇用へと展開しているのが読み取れる（図表６－５）。また、雇用形態も派遣・請負といった間接的な雇用の割合は年を追うごとに少しずつ減少し、直接雇用の割合が徐々に増えている状況にある（図表６－３）。

2　外国人雇用の傾向と課題

このように外国人雇用は労働者数も雇用事業所も増加の一途をたどっており、労働者の国籍や職種、従事する産業も多様化している。こうした傾向に対して、企業側はどのような対応を行っているのだろうか。

外国人を雇用するうえで、最も難しいと言われるのは労務管理である。殊に従来の日本型経営の常識を外国人の労務管理に適用することは容易ではない。なぜならば、外国人労働者たちにはそれぞれのルーツがあり、アイデンティティを形成してきた言語や文化も日本のそれらとは異なるからである。必然的に職業に対する意識も異なるため、日本企業における伝統的価値観や常識が通用しない部分もあることは否めない。それゆえ、外国人を雇用するということは、常に想定外の課題にぶつかることが多いという事前認識をもつことが重要である。

◆外国人雇用における企業の責任

外国人を雇用するためには、まず何よりも在留資格審査の基準と雇用する外国人に対する雇用事業主側の責任を十分に認識しておく必要がある。日本に入国する「外国人」は31種類の**在留資格**によって区分され、取得した在留資格によって日本国内における活動の範囲と在留期間の制限が設けられている。そのうち、就労にかかわる在留資格は21種類あり、雇用する外国人が従事する仕事の内容によって取得できる資格（ビザ）と活動できる内容、許可される在留期間が変わってくる（定住者資格および永住権を保有する外国人労働者を雇用した場合は、活動の制限がないため、この限りでは

在留資格　日本での在留を希望する外国人は、日本における活動内容に応じて、在留資格申請を行わなければならない。就労関係：21、留就学・文化活動関係・家族滞在・特別活動：5、定住・永住関係：5のそれぞれの資格に分類される（2015年4月15日、出入国管理及び難民認定法の改正による）。

ない）。また、事業主には雇用する外国人が能力を発揮できる適切な人事管理と就労環境の確保が義務づけられている。具体的には、前述の届出制度の義務化のほか、国籍を理由とする採用選考の差別を行わない、労働基準法や健康保険法などの労働関係法令および社会保険関係法令は国籍を問わず適用する、外国人労働者に対する安易な解雇などを行わない、やむをえない解雇などの場合には再就職が可能な支援を行うといった努力義務が課せられている。

◆外国人雇用への意識変化と課題

こうした動きに伴って、日系多国籍企業の海外現地法人におけるマネジメントの常識も変わりつつある。これまでは、日本人職員が異動して現地法人や工場の管理にあたり、現地で採用した人材は資質や成果にかかわらず、組織内での昇進はあまり期待できないというのが通念とされてきた。こうした現象を揶揄して「ガラスの天井」といった言葉も生まれたが、グローバル化が加速するなかで、現地における管理職の採用や日本国内における研修、本部への異動といった動きも多く見られるようになった。当然ながら、厚生労働省では、日本国内での採用においても国籍で差別をしない公平な採用選考を行うことを事業主への指針として定めている。

しかし、こうした法令や指針が前提にあったとしても、すべての外国人雇用が円滑に行われているわけではない。２０１５年３月に新日本有限責任監査法人が発表した「平成26年度産業経済研究委託事業　外国人留学生の就職及び定着状況に関する調査」によると、日本企業の就職採用システムの複雑さや諸外国ではあまり見られない終身雇用を前提とした雇用形態をとっている企業が多いことなどが、外国人留学生および労働者の考えるキャリアパスと整合しないために、彼らの日本での就職や職場における定着を難しくする要因になっているとしている。

ダイバーシティ・マネジメント　組織内の多様性を「優位性」として捉え、戦略的かつ有効にマネジメントを行うことによって、企業や組織の強みとすることを指す。ここで言う多様性とは、社会的マイノリティだけでなく、性別や人種の違いに限らず、年令や学歴、価値観などの多様性も包括する。

3 「ダイバーシティ・マネジメント」とは

外国人雇用をめぐる課題がさまざまあるなかで、企業における**ダイバーシティ・マネジメント**の捉え方は、グローバル化の深化とともに変化しつつある。ダイバーシティ・マネジメントにおいて、これまで企業が重視してきた「多様性」は、ＬＧＢＴや女性といった社会的弱者への差別撤廃が主流であった。もちろん、そうした取り組みも大変重要であることは言うまでもないが、グローバル化企業におけるダイバーシティ・マネジメントは、異文化理解にも視点を向け、社会的弱者への対応も包括した企業の多文化共生に取り組むことがより重要である。つまり、さまざまな異文化が混在する多様性を組織の「優位性」として捉え、その特徴を最大限に生かしていくことこそが、企業に求められる新しい多文化共創であると言えるのではないだろうか。

◆異文化理解と多文化共創への取り組み

しかし、一言に「異文化理解」と言っても、実践するのは容易なことではない。厄介なことに、異文化には言語や文化のほか、宗教や慣習、価値観といった目に見えない事柄が多く含まれる。そうしたものをすべて理解し、組織マネジメントに反映することは、事実上不可能に近いと言わざるをえない。では、外国人を大活躍させ、管理職に起用すればよいのだろうか。実際のところ、一部の外国人を際立たせたとしても、真のダイバーシティ・マネジメントとは言えない。

組織にとって、より効果的なダイバーシティ・マネジメントを行うにはどうすればよいのだろうか。この章では「**インクルージョン**」という考え方を提示したい。インクルージョンという言葉を

インクルージョン　日本語に直訳をすると「受容」あるいは「包摂」という意味である。言い換えると「認め合う」という意味であり、「尊重し合う」という意味も含んでいる。本章では、組織におけるインクルージョンとして「違いを認め合う」という意味で使用している。

日本語に直訳すると「受容」という言葉が最も適していると思われる。これを企業におけるダイバーシティ・マネジメントで言う「受容」に言い換えると「違いを認め合う」ことになる。物事の考え方や価値観の差異を認め合って、適切にマネジメントをすることによって、企業の成長に結びつけることに価値を置くのが、グローバル化時代のダイバーシティ・マネジメントのあるべき姿ではないだろうか。

◆戦略的CSRとしての「ダイバーシティ・マネジメント」

ここまで「外国人」との共生による企業におけるダイバーシティ・マネジメントについて述べてきたが、そこからさらに一歩進んで、ダイバーシティ・マネジメントを企業の戦略的CSRに生かす事例を紹介したい。

２０１５年11月に新聞記事で大きく取り上げられたのが、ユニクロによる難民１００人の雇用である。ファーストリテイリング社は、２０１１年より日本で難民認定を受けた人とその家族を企業内インターンとして受け入れ、国内のユニクロ店舗にて13人を雇用し、そのうち２人は正社員として働いている。この実績をもとにして国内外の店舗にて難民を１００人雇用するという。同じように栄鋳造所では、２０１２年より「外国人の戦略的雇用」と称して、難民雇用を行っている。同社によると、難民雇用は安価な労働力としての採用ではなく、海外展開先の語学力と文化習慣をもち、貪欲に日本のものづくり技術を取得する人材を求めた結果であるとしている。難民採用後は、言葉や文化風習の違いから課題も発生したが、それ以上に社内に良い変革をもたらしたという。現在、同社の取り組みは地域へと波及し、「外国人の戦略的雇用勉強会」が立ち上がり、難民を支援するＮＰＯとの協働にまで発展しているとのことである。

CSR（Corporate Social Responsibility）　「企業の社会的責任」と訳され、企業が社会に対して果たすべき責任を認識し、社会とともに成長・発展していく活動のことを指す。従来は、ステークホルダー（利害関係者：株主・顧客・取引先・従業員・地域社会・行政など）とのかかわりを重視してきたが、最近ではその活動を企業の広報やイメージ向上に生かす取り組みが「戦略的 CSR」として重視されている。

外国人のなかでも「難民」となると、多くの企業が雇用を躊躇しがちであるが、今回挙げた2社の事例は、外国人の雇用推進といったレベルをはるかに超えて、戦略的CSRとして難民雇用を積極的に行っている点は大いに注目をすべきである。とかく、私たちは目や耳から入る情報から、外国人や難民に対してステレオタイプを描きやすい。しかし、それらの多くは、実際のところ正しい情報なのかどうか、分からないことが多い。この2社の取り組みから、私たちが学ぶべきことが多いのではないだろうか。

おわりに

この章では、外国人労働者との共生をテーマに論じてきたが、大切なのは単に「労働者」としての外国人を受け入れるのではなく、その外国人の人生の一部をも受け入れていることに気づかなければならないということである。単に労働力が不足しているという理由で外国人労働者を雇用するのでは、予測していなかったコストを支払うことになりかねない。彼らと共生することで組織としてどのように成長につなげられるかを考えることが重要であり、その成長をお互いに分かち合うことができるダイバーシティ・マネジメントを目指すことが、真の多文化共創ではないだろうか。

●ディスカッション・タイム●

①外国人を雇用する企業は年々増加しているが、あなたは自身が働く職場で外国人を雇用することに賛成だろうか、反対だろうか。ぜひ、その理由も話し合ってみよう。

②あなたが外国人を雇用する際、ダイバーシティ・マネジメントの一環として、職場でどんな工夫をしたいだろうか。オリジナリティのあるアイデアを出し合ってみよう。

◎参考文献――さらなる学習に向けて

・谷口真美（２００５）『ダイバシティ・マネジメント――多様性をいかす組織』白桃書房
・駒井洋監修、五十嵐泰正・明石純一編著（２０１５）『「グローバル人材」をめぐる政策と現実』明石書店
・中牧博允・日置弘一郎編（２００７）『会社文化のグローバル化――経営人類学的考察』東方出版

第7章　日本の移民・難民政策

藤巻　秀樹

はじめに

「移民政策はとらない」——。2020年の東京オリンピックを控え、建設分野を中心に労働力不足が大きな問題になるなか、安倍晋三首相が繰り返し述べた言葉である。このとき、政府は**技能実習制度**を活用して外国人労働力の確保に努めた。事実上の移民とも言える外国人労働者を受け入れながら、移民政策はとらないと言い張る。ここに日本の外国人政策の大きな矛盾が隠されていることを最初に指摘しておきたい。

専門的・技術的分野の外国人のみを受け入れ、いわゆる単純労働者は受け入れない、というのが日本の外国人政策の原則である。だが、こうした労働者への根強い需要があるため、政府は例外を設け、受け入れてきた。その一つが日系人で、もう一つが技能実習生である。途上国発展のための人材育成というのは建前で、実際には製造業などの生産現場で低賃金の労働者として活用されてきた。彼らはあくまで例外的存在で、日本には「移民」は存在しないというのが政府の公式見解と言ってもよい。だから行政は「移民」という言葉を一切使わない。日系ブラジル人のなかには滞在期間が20年を超すような、まさに移民と呼んでも差し支えないような人が大勢いるが、行政用語では

技能実習制度　途上国から来た外国人に技術を移転し、経済発展を担う人材を育成、国際貢献を図るという目的で創設された制度。だが、実際には人手不足に悩む日本の農業、水産業や中小企業の生産現場で外国人を働かせる仕組みとして機能している。商工会や中小企業団体などが受け入れる「団体監理型」と企業が直接受け入れる「企業単独型」の二つの方式がある。

図表7-1　出身国別在留外国人者数の推移

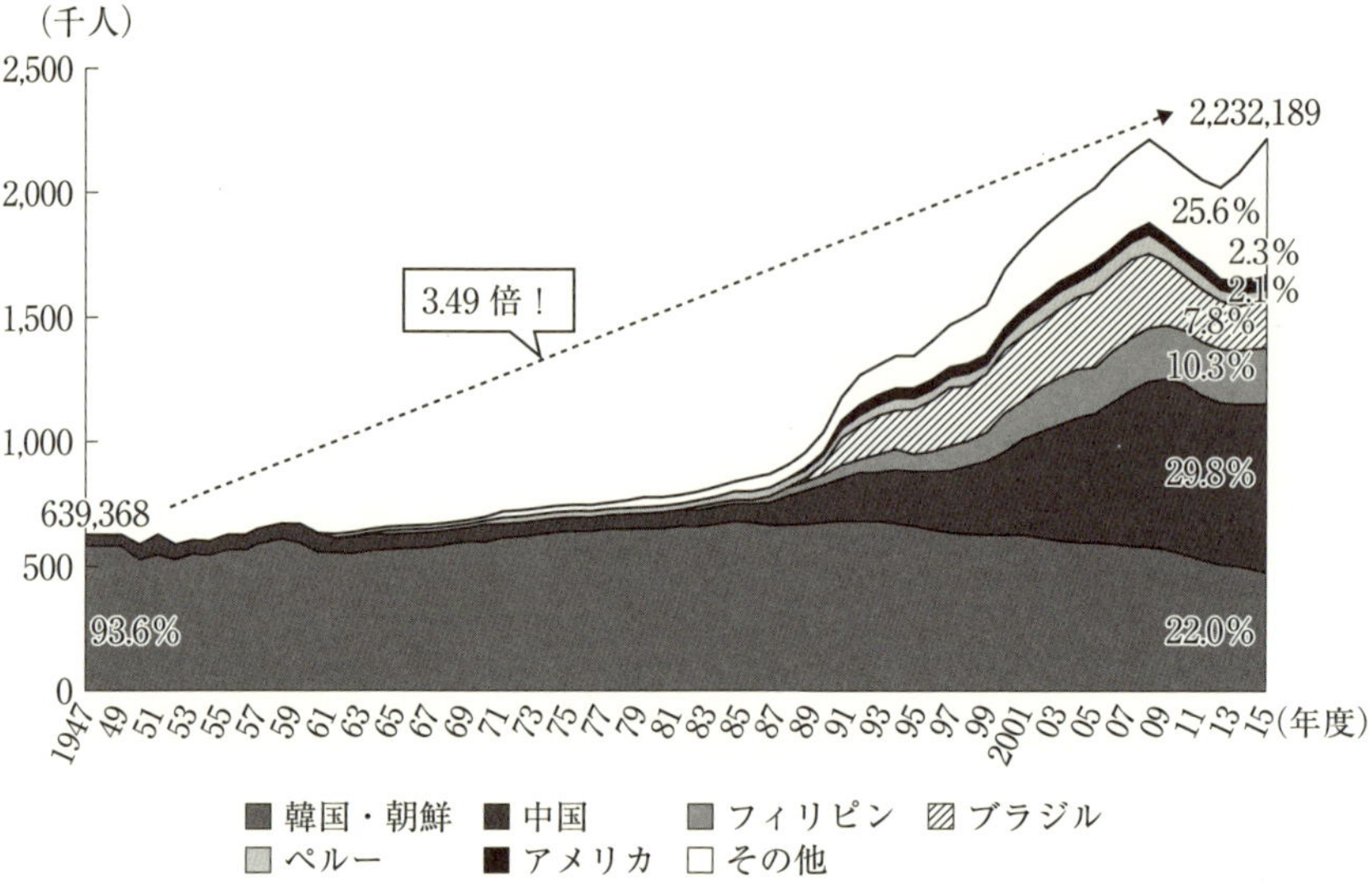

出典：法務省「在留外国人統計」（旧「登録外国人統計」）をもとに郭潔蓉作成。

彼らは「定住外国人」と呼ばれる。定住外国人と移民がどう違うのか理解に苦しむが、それが日本の実態である。

移民政策には外国人の出入国を扱う「出入国管理政策」と入国した外国人を生活者として社会に受け入れる「社会統合政策」がある。日本は移民を受け入れないのが前提だから、政府には社会統合政策はない。外国人の社会統合を任されたのは地方自治体で、実際に現場で外国人の生活支援を担ってきたのはＮＰＯやボランティアの市民なのである。

1　移民政策不在の日本

法務省が発表した２０１５年末の日本の在留外国人数は約２２３万人と過去最多になった（図表７－１）。なかでも就労目的の人が増えており、技能実習生や留学生のアルバイトも含めた外国人労働者の数は3年連続で過去最高を更新、100万人に近づいている。雇用情勢の改善に伴い、労働力不足が深刻化しているのが原因だ。日本は少子高齢化が進んでおり、今後さらに事態は悪化すると見られている。外国人材の活用に今後大きな期待がかかるが、政府は技能実習制度の拡大で急場しのぎをするだけで、本格的な移民受け入れに踏み込もうとはしていない。その場しのぎの弥縫《びほう》策はこれまでも繰り返されており、日本の外国人政策を歪める大きな要因になっている。

◆1990年の入管法改正

バブル景気に沸いた1980年代後半。このときも労働力不足が深刻化した。人手が足りない中小企業の工場や建設現場にはアジアや中東から来た不法就労の労働者の姿が目についた。こうした状況を放置するわけにいかず、対応を迫られた政府は日系人の受け入れを決断する。日系人はもともと日本人か、その血を受け継ぐ者で、日本の生活文化に順応しやすいと考えられていた。また日系人の多いブラジルは当時、記録的な超インフレで国内経済が混乱しており、困窮している日系人を救済する意味もあった。国内の労働力不足を補う格好の存在と見なされたのである。

日本はそれまで外交官や大学教授、芸術家など専門的・技術的分野の外国人にしか在留資格を与えていなかったが、「日本人の配偶者等」「定住者」という資格を設け、三世までの日系人とその配偶者を就労の制限なく受け入れることにした。1989年に**出入国管理法**の改正案が国会に提出され、成立。翌1990年6月に施行され、ブラジルなど南米出身の日系人の来日が急増した。

来日した日系人は自動車産業など製造業が集積する東海地方や北関東の工場で働いた。彼らの目的は出稼ぎで、数年で帰国すると思われたが、予想に反し、多くの人がそのまま定住した。ピーク

出入国管理法　正式名称は「出入国管理及び難民認定法」。1951年10月に公布、同年11月に施行された。日本人の出国・帰国のほか、外国人の出入国や在留資格、難民条約および難民議定書に基づく難民認定制度を定めた日本の法令。政府は同法の改正を通じ、在留資格の再編、外国人登録制度の廃止や在留カードの交付など新たな在留管理制度の導入を行い、外国人政策を進めてきた。

時の2007年末には約31万人が住んでいた（2008年のリーマン・ショックの影響で減少、2015年末は約17万人）。また日系ブラジル人の二世、三世は日系人といっても、文化的にはブラジル人で、生活習慣の違いから各地で日本人住民とのトラブルが起こった。

日系人を国内の労働力不足を一時的に補う存在として考えた政府の思惑は完全に裏目に出た。急場しのぎの出入国管理だけの政策で、社会統合政策は視野になかったため、日系人の集住地域ではさまざまな社会問題が発生したのである。

◆課題山積の技能実習制度

1990年の出入国管理法改正に続き、1993年には技能実習制度が導入された。この制度では技術習得を目指す外国人が企業など実習実施機関と雇用契約を結び、生産活動に従事する。この制度はリーマン・ショック以降、ブラジルなど南米出身の日系人が大量に帰国した後、国内の労働力不足を補う仕組みとして比重を高めている。

業種によっては同制度なしには存続できないという分野もあるほどだが、長時間労働、賃金未払い、雇用主によるパスポートの取り上げなどさまざまな問題が噴出しており、トラブルが絶えない。厳しい労働環境に耐えられず、実習生が失踪する事件も相次いでいる。中国、ベトナム、フィリピン、インドネシアなどアジア出身者が多いが、ブローカーが介在し、実習生が多額の借金を背負って来日するケースもあるなどの問題も指摘されている。このためアメリカが「劣悪な強制労働の温床になっている」と批判するなど、人権上の観点から国際的にも評判の悪い制度になっている。

こうしたなか、政府は2015年に技能実習生を保護するための法案を閣議決定、違法労働を防ぐため、受け入れ団体や企業を監視する監督機関を設置するなどの対策に乗り出した。この法案には労働力不足への対応策として技能実習生の実習期間を最長3年から5年にすることも盛り込まれている。改良を重ねて何とか制度の温存を図ろうとの方針だが、問題のある制度であることは変わらない。真正面からではなく、サイドドアからの変則的な受け入れがいつまで続けられるか、なし崩し的な外国人労働者政策は限界を迎えていると言っても過言ではない。

2　社会統合への模索

◆外国人集住都市会議の役割

社会統合政策なしの片翼飛行で日系人を受け入れたため、さまざまな問題が生じたことは先に述べたが、その矢面に立たされたのが地方自治体である。１９９０年代に急激に日系ブラジル人住民が増えた浜松市では、地域社会の摩擦が深刻化、対応を迫られた。外国人との共生は一自治体では限界があるとの判断から、同市は日系人の多い都市に呼びかけ、２００１年に「外国人集住都市会議」を創設した。参加する都市は当初13市町だったが、２０１６年４月現在で23市町に増えている。

外国人集住都市会議は、①外国人住民の状況や施策についての情報交換、②就労、教育、社会保障、医療などの政策に関する国・県への提言——などを目的に自治体が連携し、毎年首長が参加する会議を開いている。事務局を担う座長都市は2年ごとに代わり、2年に一度宣言を発表する。会議には法務省、総務省、文部科学省、厚生労働省、外務省など関係省庁の担当者も参加、２０１５年12月に発表された浜松宣言では、国に対し、外国人政策を総合的に調整する司令塔の機能をもつ組織の創設を訴えた。

会議に参加する都市は国に政策提言する一方で、外国人の生活支援や地域の共生に向け、それぞれ独自の施策を展開してきた。外国人の多い地域には必ず外国人支援を担うＮＰＯや市民ボランティア団体の存在がある。自治体の委託を受ける形で、ＮＰＯが外国人の日本語教育や医療などの生活支援、子どもの教育支援など、現場での活動を精力的に行っている。外国人を生活者として受け入れる社会統合を担っているのは実は地域の市民たちなのである。

◆リーマン・ショックが促した日系人支援

２００８年9月に発生したリーマン・ショックによる世界不況の波は日本にも押し寄せ、日本の製造業は大幅なリストラを断行、下請け企業に派遣労働者として勤めていた南米出身の日系人は次々に解雇された。こうした状況を政府も傍観できず、失業した日系南米人の支援が必要との認識が高まり、内閣府内に「定住外国人施策推進室」が設置された。

この組織の役割は定住外国人施策に関する企画・立案や総合調整を担うこと。厚生労働省、文部科学省、総務省、法務省など関係省庁との連携のもと、日系人支援の緊急対策がまとまった。対策の実行のため、各省の副大臣級をメンバーにした「日系定住外国人施策推進会議」が設置され、不就学児やブラジル人学校に通う子どもに日本語指導をする「虹の架け橋教室」の設置や、失業した日系人に帰国支援金を出す事業などが実施された。２０１０年8月には日系人の社会状況を分析し、今後政府がどういう施策をとるべきかを定めた「日系定住外国人施策に関する基本方針」を策定した。このなかで日系ブラジル人などの日系人は「日本社会の一員」と明確に位置づけられた。

対象とする外国人はあくまで日系人に限られていたが、リーマン・ショックという非常事態のなか、外国人労働者の失業問題に機敏に対応したこと、また外国人問題を扱う省庁横断的な組織がで

図表7-2　難民認定申請数および認定数等の推移

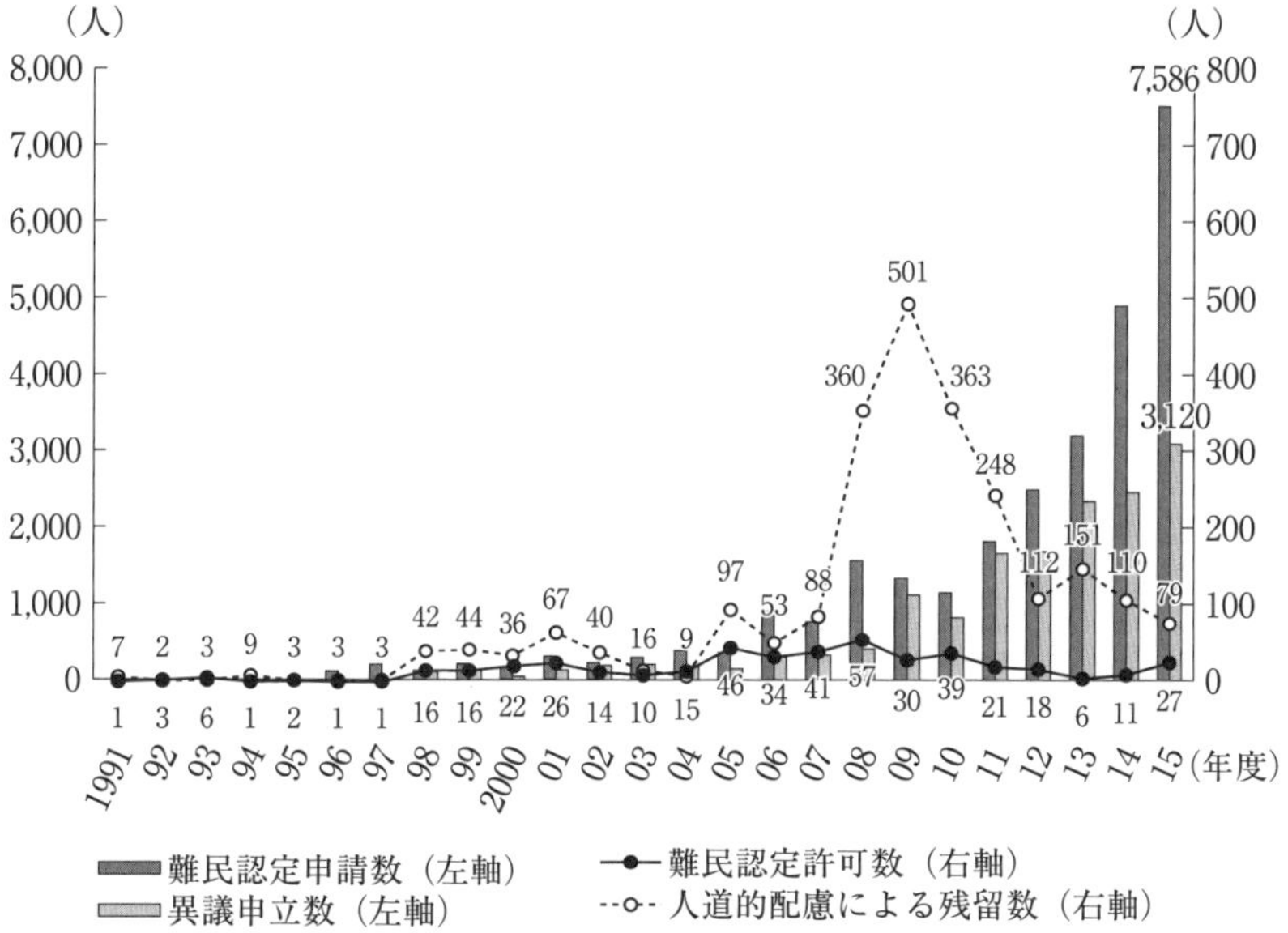

出典：法務省入国管理局「難民認定の受理及び処理人員」「統計に関するプレスリリース平成28年（2016年）」をもとに郭潔蓉作成。

きたことは国の外国人政策の一歩前進と言える。

3　難民鎖国ニッポン

◆厳しい難民認定

2015年は内戦が起こっているシリアから100万人を超える難民がヨーロッパに流入、難民問題が世界の大きな課題として浮上した年だった。こうしたなかで日本の難民政策にも関心が高まったが、同年の日本の難民認定者は申請者7586人に対し27人と、その少なさが際立った（図表7－2）。日本はなぜ**難民認定**の数が少ないのだろうか。

その最大の理由は日本の認定審査が難民条約の定める難民の定義を厳格に守っている点にあると言

難民認定　祖国を逃れてきた外国人に対し、難民かどうかを審査し、居住許可を与えるための手続き・制度。日本では難民条約が1982年に発効したことに伴い、制度が整備された。審査をするのは法務省の入国管理局で、難民と認定されれば居住が許可され、外国への旅行も可能になるほか、国民年金や福祉手当、児童扶養手当などの受給資格が得られる。認定されない場合でも、人道的配慮により在留が特別に許可されるケースもある（3、93、103、123 頁も参照）。

えるだろう。難民条約では難民を「人種、宗教、国籍もしくは特定の社会的集団の構成員であることまたは政治的意見を理由に迫害を受けるおそれがあるという十分に理由のある恐怖を有するために、国籍国の外にいる者」と定義している。いわゆる「政治難民」がこれにあたるが、欧米では難民を広い概念で捉え、国内の紛争を逃れ、避難する「紛争難民」なども保護する対象としている国が少なくない。欧米と日本の難民の定義の差が、そのまま認定数の差になっていると言える。日本は認定数だけでなく、申請数も少ないが、四方を海に囲まれた島国であること、周辺に難民を大量に流出させる国があまりないことがその理由である。

審査自体も日本は厳しい。難民支援協会によると、日本の入国管理局の審査は本人に難民であることを証明する立証責任があり、文書などの証拠を提出しなくてはいけないという。生命の危険にさらされ、慌てて国を脱出した人が客観的な証拠を十分にもっているとは思えない。1998年に難民認定を受けたあるミャンマー出身の難民は「『お金を稼ぎに来たのだろう』と、はじめから難民ではないと決めつけるような尋問を受けた」と証言している。

◆難民申請の実態

以上、日本の難民認定の厳しさを指摘してきたが、近年、日本では就労を目的とした「偽装難民申請」も増えている。日本の制度では難民申請した後、6か月が経過すれば就労が可能になる。不認定と判断されても、異議申し立てや再申請を繰り返せば合法的に働き続けることができる。こうした仕組みを逆手にとって「日本で難民申請すれば働ける」とブローカーが日本での就労を望む外国人を誘い、入国させるケースもあるという。日本での難民申請者は欧米に比べ絶対数は少ないものの、ここ数年急増している。その背景にこうした偽装難民申請があると見られている。

2015年の日本への難民申請者を国籍別に見ると、最も多いのはネパールで、1768人。次がインドネシアの969人、以下、トルコ、ミャンマー、ベトナムの順になっている。最近では技能実習生として入国した後、失踪した人や学費が払えなくなった留学生が難民申請するケースもあるという。日本の難民認定は申請から平均して3年と時間がかかる。申請者が増えたことで、さらに認定までの期間が長引くとの見方もあり、本当の難民で早急に保護を必要している人に影響が出るおそれもある。厳格な審査基準とともに制度の見直しが必要かもしれない。

日本が難民受け入れに消極的なのは、国の移民政策が不在である点も大きい。難民を受け入れた後、どう日本社会の一員になってもらうかという社会統合のビジョンが欠如しているため、欧米のように大量に受け入れるのは難しい。難民政策と移民政策はセットで考える必要があり、急場しのぎの理念なき外国人政策が難民政策にも影を落としている。

4　グローバル人材を求めて

◆高度人材はなぜ来ない

政府は単純労働者と異なり、専門的な知識や技術をもつ外国人の受け入れには積極的で、**高度人材ポイント制**を導入し、誘致に取り組んでいる。安倍首相もアベノミクスの成長戦略の柱の一つに高度人材の受け入れを掲げており、通常10年の滞在が必要な永住権の取得を3年に短縮するなど優遇策の導入に努めている。だが、こうした人材の誘致は欧米をはじめアジア各国も熱心で、世界中で獲得競争が激化している。日本は苦戦を強いられているのが現状だ。

高度人材ポイント制　2012年に導入された高度人材の外国人の受け入れを促進するための優遇制度。活動内容を「高度学術研究活動」「高度専門・技術活動」「高度経営・管理活動」の3つに分類し、それぞれの特性に応じて学歴、職歴、年収などの項目ごとにポイントを設け、ポイントの合計が70点に達すれば、永住権を得るための在留期間が短縮されるなどの優遇措置を得ることができる。

法務省の2015年末の統計によると、日本に住む外国人約223万人のうち、「高度専門職」の在留資格をもつ人は約1500人と全体の0・1％未満。「技術・人文知識・国際業務」など専門的・技術的分野をすべて合わせても約20万人と、10％に満たない。政府の積極姿勢とは裏腹に日本は高度人材に不人気な国なのである。

日本に高度人材が来ない理由は、まず日本と欧米の労働環境の違いが大きい。日本企業の多くは終身雇用を前提とした年功序列の賃金体系を維持しており、若い能力のある外国人は給与が低く、昇進が遅いと感じてしまう。英語が通じないことや、長時間労働でワーク・ライフ・バランスの取り組みが遅れていることもネックだ。欧米ではキャリアアップのための転職が当たり前だが、日本では転職は好まれず、離職率の高さが企業が外国人採用を躊躇する要因にもなっている。そのほか、子どもの教育や家族が地域社会に溶け込みにくいなどの問題も指摘されており、外国人の高度人材にとって日本は魅力のない国と映っているのである。

◆留学生30万人計画の今後

外国人留学生は高度人材の卵。政府は2020年までに海外からの留学生を30万人に増やす目標を掲げ、国際化を支援するスーパーグローバル大学を37校選定するなど、留学生受け入れを拡大する取り組みを強化している。日本学生支援機構によると、日本の外国人留学生の数は2015年5月時点で前年同期比13％増の約20万8000人だった（図表7－3）。30万人が視野に入ったようにも見えるが、微妙な状況と言えなくもない。

留学生の内訳を見ると、大学や短大、高等専門学校で学ぶ学生は約6万9000人で前年同期比2％増と伸び悩んだ。これに対し、日本語学校の学生は約5万6000人と25％も増加した。国籍

図表7-3　留学生の推移と増加率

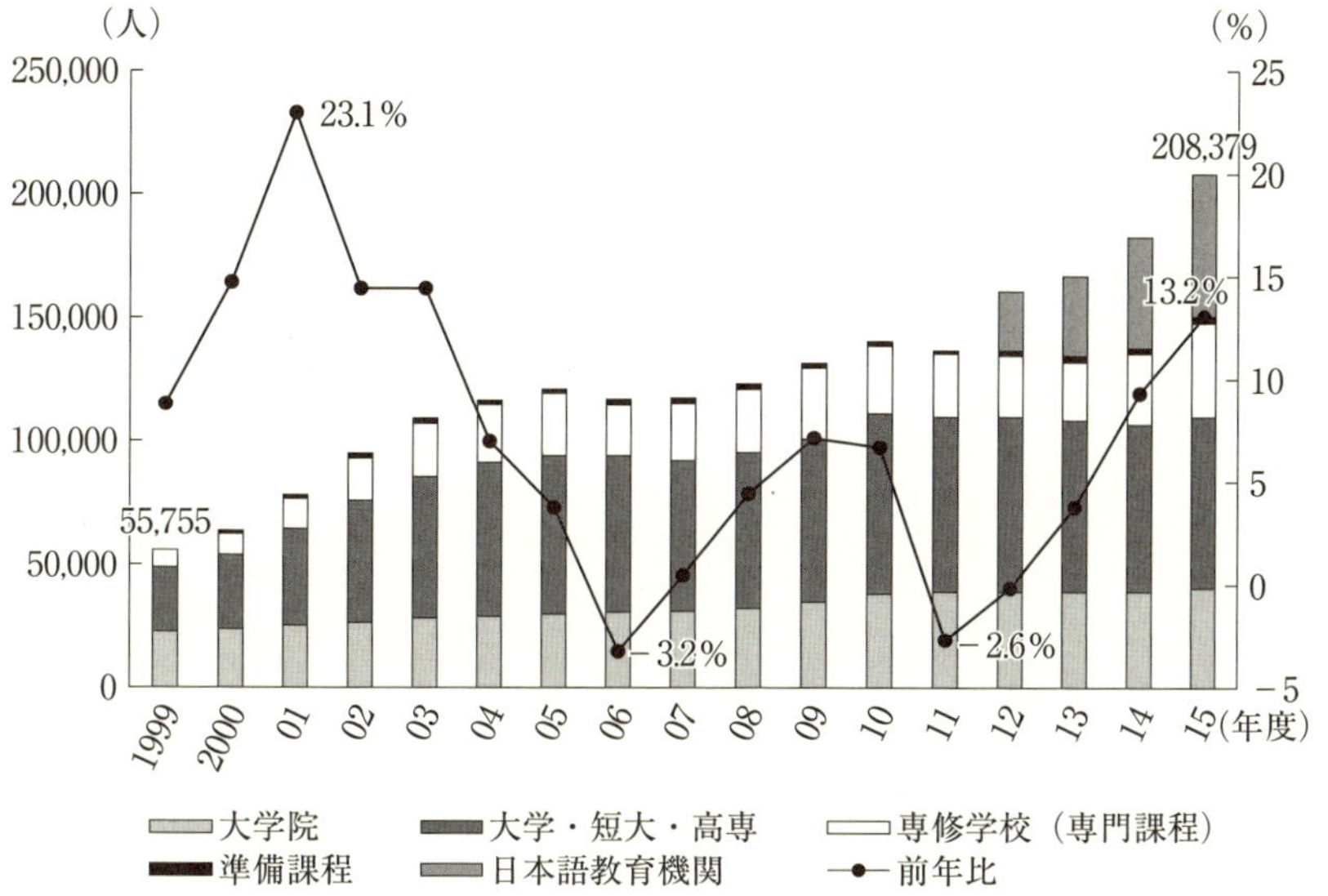

出典：独立行政法人日本学生支援機構「外国人留学生在籍状況調査等について」をもとに郭潔蓉作成。

別に見ると、これまで多かった中国、韓国が減り、ベトナム、ネパールが急増している。日本語学校の学生のなかにはアルバイトによる就労が主な目的で、勉学には熱心ではない学生も少なくない。大学への留学生が伸び悩んでいることは高度人材誘致の観点から気がかりな材料と言える。

経済産業省「内なる国際化研究会」の報告書によると、日本の大学で学んだ留学生のうち、学部卒の学生の7割が日本での就職を希望しながら、実際には3割しか就職しておらず、年間約1万人の留学生が国外に流出している。先に述べた日本の労働環境の問題に加え、新卒一括採用の仕組みやキャリアパスの不透明さ、日本の就職活動についての情報不足が大きなネックになっていると言う。せっかく留学生を日本に誘致しても、卒業後の就職につなげられなければ、高度人材の国内定着は図れない。日本企業には留学生にも分かりやすい透明でグローバルな人事制度が求められている。

おわりに

日本で移民政策の議論が進まないのは、国民の一部に移民アレルギーがあり、「移民」という言葉を聞いただけで感情的に反対論を唱える人がいるからではないだろうか。政府もこうした空気を敏感に感じ取り、移民受け入れの議論を避けてきた。その一方で経済界の要請に応える形でなし崩し的に外国人労働者の入国を認めてきた。だが、こんなごまかしはいつまでも通用しない。劇的に人口が減る日本の未来をどうするか、いまこそ将来を担う若者を交え、真正面から国民的議論をするときである。高度人材の誘致では日本は世界に大きく後れをとっている。国内を見据えた閉塞的な議論ばかりしていては取り返しのつかない事態を招く。世界に大きく目を開き、グローバルな視野に立った開放的なディスカッションを期待したい。

●ディスカッション・タイム●

戦乱のシリアをはじめ、中東やアフリカから大量の難民がヨーロッパに押し寄せた2015年。難民の受け入れが少ない日本に世界の目が注がれた。安倍晋三首相は国連総会で難民対策に約8億ドルもの資金支援を表明した一方、受け入れには慎重な姿勢を示した。日本はどこまで難民を受け入れることができるのだろうか。社会統合政策が不十分なままでも大丈夫だろうか。かつて日本は難民認定制度の活用ではなく、政治決断により1万人以上のインドシナ難民を受け入れた実績もある。日本は難民の受け入れを増やすべきか、増やすとしたら、どのような条件整備が必要か、みんなで議論してみよう。

◎参考文献――さらなる学習に向けて

・明石純一（２０１０）『入国管理政策――「１９９０年体制」の成立と展開』ナカニシヤ出版
・近藤敦編著（２０１１）『多文化共生政策へのアプローチ』明石書店
・藤巻秀樹（２０１２）『移民列島ニッポン――多文化共生社会に生きる』藤原書店
・宮島喬・藤巻秀樹・石原進・鈴木江理子編集協力（２０１４）『別冊　環⑳　なぜ今、移民問題か』藤原書店

第8章　エスニシティの形成と創造
――マジョリティ・マイノリティ関係の動態

川野　幸男

はじめに

エスニシティとは「マイノリティ集団の文化的属性」を指している。ところがエスニシティの概念を定義し、使用するのはもっぱらマジョリティの側で、マイノリティが自身のエスニシティの主人になることは少ない。自分が何者なのかは自分で決めるという「自決権」をマイノリティに保障せず、マジョリティの一方的な思い込みで「共生」を論ずることはできない。例を挙げて考えよう。

東京のある大学で、沖縄に関する映画や音楽を題材に、いかに一面的な沖縄像が日本社会で「消費されているか」について学生たちが研究発表をする企画があった。このときの討論会で、招待されていた沖縄の学生が「今回初めて自分がマイノリティなのだと思い知った」という旨の発言をし、東京からの参加者たちに少なからぬショックを与えた（岩渕ほか、２００４：１０７頁）。もう一人の沖縄の学生は、沖縄の主体性と抑圧の記憶を踏まえずに「消費されている」などと言われても「憤りや悲観を与えるだけ」で、「二次的暴力（**再スティグマ化**）にさえなりかねない」と振り返っている（同前書：１２６頁）。

東京の学生たちは発表・討論の場で強い主体性を発揮し、沖縄の学生たちを受動的な立場に置い

エスニシティ　国民を主流集団（マジョリティ）とそれ以外の少数集団（マイノリティ）に区別するための一連の指標のことで、まず公的機関や研究者が規定し、それをメディアや当事者が使用していく。言語や習俗、歴史的由来など、誰にでも認識できる指標がある一方で、マイノリティ自身の主観的帰属意識も重視される。本章でもいくつかのマイノリティ集団を取り上げているが、いずれの定義も暫定的かつ流動的で、幅広い境界域をもっている（46、178 頁も参照）。

ていた。前者は自分の考える「本当の」沖縄の全体像を映画などに反映させるべきだと主張し、それが後者にとって「良い」ことだと信じて疑わなかった。何が「本当」で何が「良い」のか、当の沖縄人に聞いても分からないことさえあるというのに、この「理解者」たちは、善意を盾に当事者の領域にまで土足で踏み込んでおいて、反発されることなど予想していなかった。

このような、権力の不均衡に基づく集団関係は、さまざまな時と場所で再生産されてきたエスニック関係の縮図と言える。以下ではこれをもっと広く見て、マイノリティの国家編入におけるエスニック集団の形成・変容、そして創造に至る過程について、**アイヌ、沖縄／琉球人、在日コリアン**の事例を用いながら考えていこう。まず第1節で過去のどこかでエスニシティを喪失した集団がマジョリティとなることを指摘し、第2節で国家がエスニック集団を定義して処遇する仕組みを説明する。第3節ではマイノリティという危険で分の悪いエスニシティをあえて引き受けることついて、そして第4節ではマジョリティがもつべき観点について考える。

1　マジョリティとは何か——喪失と忘却の共同体

日本には多くのエスニック集団が住んでいる。北方の先住民アイヌをはじめ、南方の先住民と言える琉球人、旧植民地からの移住者としては朝鮮人、台湾人、中国人もいて、近年は世界各地からの移住者や難民、日本人の配偶者とその子孫も増加している。ところが、そうしたエスニック集団がどのような理由で、またどのような経験を経てこの国の住人となったかについて、学校の授業ではほとんど教えられていない。

再スティグマ化　社会の主流派に受容されるべきでない何らかの劣等性や危険性をもつとされる集団に対して、それが誰の目にも明らかなように烙印を押しつけること。障害者や犯罪者に対してのみでなく、人種・民族的マイノリティ集団にも適用される。本文では「消費される」沖縄人を救い出すような論調が、かえって沖縄人に主体性のない弱者としてのレッテルを再度貼りつけることになると指摘されている。

結果的に、これらの集団は「国民の歴史」の主役ではないと見なされ、正統な「国民」かどうかさえ疑問視される。19世紀フランスの思想家E・ルナンは、歴史の忘却は国民創造の本質的因子だと語った。権力争いの勝者が自分たちに都合の悪い暴力的で非道な事実を隠したり正当化したりする一方で、敗者は自らの歴史や文化を捨て去り、代わりに勝者の歴史を我がものとして「国民」に同化してきた。つまり、実のところ歴史の主役の大半は「元マイノリティ」で占められており、彼らは「忘却」を拒否する者たちを反抗的マイノリティとして敵視（スケープゴート化）することで自己を正当化し、主流派集団への忠誠をアピールしているのだ。

マジョリティはマイノリティの歴史のなかに、自らの過去を発見できるかもしれない。しかし、マジョリティに都合よく編集された歴史にはマイノリティの視点が欠けているので、いくら学んでも差別意識を解消するどころか、むしろ助長してしまう。次節で示すように、それは非対称的なエスニック関係のなかで常にマジョリティの都合が優先される構造になっているからだ。

2　エスニシティの形成――国家とマジョリティの役割

エスニシティは国家による公式の定義と、民間のマジョリティ・マイノリティ関係のなかで形成される。公式の定義は国籍や戸籍、在留資格などの法制度に組み込まれ、マイノリティの権利を保護または制限する処遇の基盤となる。公式の処遇方針は民間に浸透し、それに応じてマジョリティのマイノリティに対する態度も決まってくる。マイノリティの処遇が保護的か迫害的かの違いはあるにしても、決定の主体は常に国家とマジョリティの側が保持している（図表9－1）。

アイヌ　北海道地方の先住民族で、かつては下北半島周辺からサハリン・千島列島に至る地域に住んでいた。DNAの分析などにより、和人（本州の日本人）よりも縄文人の要素が強く残る民族と言われる。中世以降、和人の北上による両民族の摩擦が始まり、近世にはアイヌとの交易を独占する松前藩による支配を受け、さらに明治政府による同化政策で固有の言語や習慣の多くを失ったが、近年は先住民族としての存在意義が再評価されつつある。

図表9-1　マイノリティ形成構造の概念図

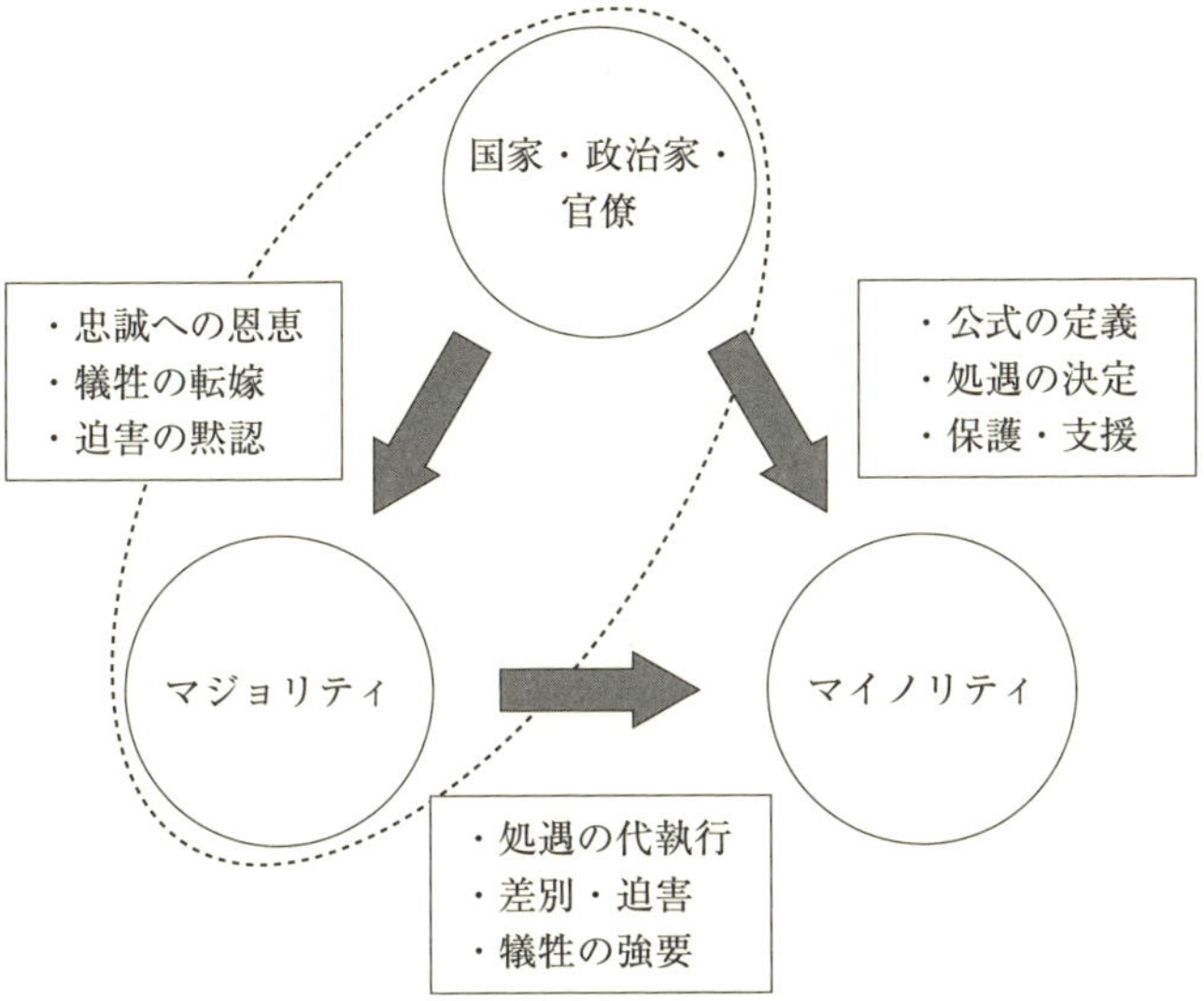

帝国主義が唯一の先進国のモデルだった19世紀～20世紀前半に、日本も欧米の帝国主義をまねて次々と周囲の社会を植民地として支配下に組み入れた。沖縄は「琉球処分」、台湾は「下関条約」、アイヌは「北海道旧土人保護法」、朝鮮人は「朝鮮併合」が編入の契機となった。どのエスニック集団においても、個々人が自身の帰属先を自ら決定することも、独立を志向することも許されなかった。

編入と前後して彼らには日本への同化政策が進められ、独自文化の変容を強いられるとともに、同化の「未熟な」劣等民族と見なされた。日本政府はアイヌに対しては強制移住や「土人学校」、沖縄人には「標準語励行運動」や「方言札」「生活改善運動」、朝鮮半島では創氏改名や日本語教育による「日本人化」を実施した。この結果、神話や舞踊、料理、民族衣装、工芸品などの「無難な」アイテムのみが「オフィシャ

沖縄／琉球人　沖縄諸島にはかつて琉球王国が存在し、明治期の日本に強制的に併合されるまでは中国と日本の間で相対的な独立を維持し、独自の文化を保っていた。この地域の人々を原型とし、その後、住民の4分の1が死亡した沖縄戦や、27年間に及ぶアメリカによる占領・統治、そして日本への「復帰」などの共通体験を経て、現在の「沖縄人」エスニシティが形成されている。本州や外国への移民が多いことも沖縄人の特徴とされる。

ル・エスニシティ」として維持継承を許された（加藤、1993）。

その一方で、たとえ少数でも独立を望む意思、その計画を可能にするような手段（言語や教育を含む）が出現すれば、国家とマジョリティは暴力を使ってでもそれらを打ち砕いた。一部のマジョリティのマイノリティに対するいやがらせ行為は、権限のない民間人が勝手に処罰を下す「私刑」のような越権行為なので、それを警察などの国家機関が黙認するだけでも、実際にはそれを鼓舞するに等しい効果がある。こうして国家とマジョリティは共謀してマイノリティを「馴化・飼育」（同前書：155頁）つまり飼い馴らしてきた。

関東大震災時の朝鮮人虐殺から最近のヘイトスピーチまで、マイノリティは常に官民両者から脅迫されてきた。北朝鮮のミサイル実験や拉致問題などを日本政府が批判するたびに、朝鮮学校の児童・生徒が大人の日本人から暴言を吐かれたり、実際に暴力を受けたりしてきた。沖縄で頻繁に繰り返されるレイプや暴力犯罪は、沖縄に住むすべての子どもや女性を恐怖に陥れ、大切な者を守りきれない大人たちに計り知れぬ絶望感を植えつけている。

こうしたスティグマや暴力、差別から身を守るために、日本に住むマイノリティの多くが自分のアイデンティティを隠しながら生活することを強いられている。とくに匿名性ゆえに醜悪な差別行為を可能にする「ネット社会」で、自らがマイノリティだと公表するのは飢えた野犬の群れに身を投じることに等しい。次節では、あえてそこに踏み出すことについて考えよう。

在日コリアン　19世紀末以降、日本帝国主義の影響下で朝鮮半島から「内地」に自らまたは強制されて移住し、諸々の事情により終戦時に半島に帰らず、または帰れず、日本に残留した人々、一度は帰ったものの本国の混乱を避けて日本に戻った人々、およびその子孫を指し、「在日韓国・朝鮮人」「在日朝鮮人」「在日」などと呼ばれる。越境から100年以上を経てその子孫は四世・五世に至り、日本への帰化者、日本人との婚姻も増大し、そのエスニシティも多様化・複雑化している（鄭、2003）。

3 マイノリティを引き受けること――創造するエスニシティ

エスニシティを失うことで人がマジョリティになるとすれば、反対にマイノリティは多くのことを獲得せざるをえない。自民族のエスニシティがさまざまな経路（家族・親族、民族教育、メディアなど）から流れ込むうえ、マジョリティの「国民」文化や意識までも共有するようになる。結果的にマイノリティははじめからマルチカルチュラルな資源を（葛藤を伴いつつも）もつよう定められていると言えよう。

この資源ゆえに、マイノリティはマジョリティからの偏見や無知を正してほしいとの〝善意〟の要望にまで応じる負担がある。ひどいときには自身の関与が、無自覚なマジョリティに〝良き理解者〟のお墨つきを与え、彼らの罪悪感や羞恥心からの解放や自己陶酔に手を貸してしまうことさえある。すると今度は自身が出身集団から批判されるかもしれない。マイノリティを「引き受ける」のは実にタフ（大変なこと）だ。

ある年、修士課程の大学院生でアイヌ研究者の卵だった新井かおりは、北海道大学で開かれたアイヌ研究関連のシンポジウムにコメンテーターとして招かれた（新井、2010）。このときの彼女の立場は難しいものだった。というのも彼女は研究者としてではなく、アイヌの一員であり著名なアイヌ運動家の孫として招かれたのだ。しかも**遺骨問題**などでアイヌの「宿敵」と言ってもいい北海道大学へ。

彼女はコメントで〝善意の支援者〟たちに対してアイヌ像をステレオタイプ化しないように求めるとともに、エスニシティが固定的なものでなく自発的に変容・発展していくことを指摘した。そ

遺骨問題　日本全国の大学には、アイヌの墓から掘り出した1600体あまりの遺骨や副葬品が資料として保存されており、遺族による返還要求が起こっている。とくに北海道大学にはそのうちの1000体を超える遺骨が存在するが、身元が明らかにならないなどの理由からごく一部しか返還されていない。

して自分はいわゆる〝アイヌ〟文化を身につけてはいないが「私にはアイヌである先祖や地域とのつながりがあり」、すべてではないにしてもアイヌのエスニシティを共有しているがゆえに「私の言葉の一字一句にはアイヌとして生きられた経験が書き込まれていると思います」（同前書：62頁）と述べている。

在日三世の姜信子《きょうのぶこ》は次のように語っている。「私は、朝鮮半島に生まれ育った人々の子孫であり、その血が体に流れている。それだけが私の民族意識のよりどころであり、またそれだけで十分でもある。朝鮮語を話さない、朝鮮文化が体中にしみ通っていない私でも、自分でそうと信じている限り、私は私なりの民族意識を持っているのであり、これが私の原点なのである。」（姜、１９９０：２１０頁）

両者とも、他者に要求される典型的マイノリティ像に縛られず、主体的かつ肯定的に自らの混合的なエスニシティを引き受けている。旧来の同質的エスニック集団は、差別や迫害から構成員を守ってきたし、もちろん現在も集団として協力して解決すべき課題は多い。しかし彼女たちのように、従来の対抗的アイデンティティから距離を置き、メンバーシップを集団への忠誠と引き換えにすることなく、多様なエスニシティの共存を模索することの重要性も高まっている。

世代が進むにつれマイノリティも非常に多様化しており、異民族の両親をもつハイブリッドやダブル、帰化や国際結婚によって生まれる（無国籍も含む）多国籍家族、一人が複数の国にまたがって帰属するトランスナショナリティなど、彼らを表現する概念のほうが多様化する現実に追いついていないほどだ。そのなかで、新井や姜の表明したような自己決定による、必ずしも民族に集約されず、「飼い馴らされない」エスニシティ、「引き受ける」よりも「創り出す」エスニシティが生まれていくだろう。あなた方はその創り手、あるいは受容者になれるだろうか。

4　マジョリティの観点――加害や犠牲の事実に真摯に向き合う

第1節で指摘した、マイノリティに関する情報欠如の問題を改めるには「オフィシャル・エスニシティ」とは異なる、マジョリティに都合よく選別されていないエスニシティを学ぶ観点が求められる。そのためにはまず、過去のみならず現在もマジョリティはマイノリティに犠牲を強いており、そこからの利益・効用を享受していることを自覚する必要がある。

たとえばアイヌの土地に日本人が侵入し、彼らを強制移住させ土地を奪って進められた北海道開拓の結果、「日本」が得た経済効果はどれほどだろうか。また日本政府は、2007年に国連で採択された「先住民族の権利に関する国連宣言」に賛成しながら、条件をつけてアイヌの先住権を認めなかった。その一方でアイヌ文化を北海道の観光資源に利用する計画だが、その事業からの受益者は大半が日本人で占められるだろう。

太平洋戦争で、本土決戦を遅らせるための捨石にされた結果、沖縄は何百人もの集団自決の犠牲者を含む、島民人口の約4分の1を失った。本土でも空襲の被害者が多数出たが、地上戦を回避したことで救われた命も数多いことだろう。その後の長い米軍統治時代には朝鮮戦争やベトナム戦争があり、米兵の駐留に伴って引き起こされるレイプや殺人、墜落事故の被害を沖縄県民が一手に引き受ける一方で、日本経済は軍需景気による高度成長を享受したのである。そして、いまもなお、沖縄に米軍基地を集中させることで、どれだけ多くの日本人が基地の騒音や危険、米兵の乱暴から無縁な生活を送れているか、その効用は経済的利益のみでは量れない。

植民地の「土地調査事業」によって日本が台湾・朝鮮の農民から奪い、日本人へ分与された農地はどれほどだったか。多くの日本生まれの定住外国人（とくに在日コリアン）が、選挙に参加する権利もパスポートの発給もないまま、何世代にもわたって支払っている税金はいくらなのか。また、マジョリティにとって自分のアイデンティティがヘイトスピーチなどの迫害の標的にされずに済む効用はどれほどか。

これらの不当な関係から日本人が目をそらしてきたのは、自分自身の利益を維持したいという身勝手な欲求、あるいは「身内」を告発して裏切り者扱いされる恐怖によるものだった。マジョリティはこうして被害を放置してきた責任を認め、権力の不均衡を清算しなければならない。

おわりに

政府・権力やマジョリティはエスニシティを定義し差別的に処遇する。マイノリティはそれに対抗するなかでエスニシティを維持し、かつ自己のアイデンティティを変容・創造していく。そのプロセスは一過性のものではなく、常に繰り返されている。そのなかで新世代のマイノリティが主体的に自らのエスニシティを創造していけば、歴史や現状の認識を刷新し、責任問題に向き合う覚悟をもった新世代のマジョリティとともに歩むこともできるだろう。私は「多文化共生」がそんな形で実現することを願っている。

●ディスカッション・タイム●

①関東大震災直後に朝鮮人についてのデマが飛び交い、各地の自警団が朝鮮語にない発音を含む「15円50銭」と発音できるかどうかで朝鮮人を見つけ出し、虐殺する事件が起きた。もし米軍占領下の日本にあなたがいて、wrong と long を区別して発音できなければひどい目に遭うとしたら、あなたはどうするか。

②仮にあなたが日本人だとして、ある日突然、両親から「実は……」と切り出され、自分がマイノリティ（特定のエスニック集団を想定しなさい）の一員だということを初めて知ったとする。あなたはどう感じ、どう行動するか。友達にはその事実を告げるのか、告げるとしたらどのような反応を期待するだろうか。

◎参考文献――さらなる学習に向けて

・新井かおり（2010）「自己を省察するための当事者性」北海道大学アイヌ・先住民研究センター編『北大アイヌ・先住民研究センター叢書1　アイヌ研究の現在と未来』北海道大学出版会
・岩渕功一・多田治・田仲康博編（2004）『沖縄に立ちすくむ――大学を越えて深化する知』せりか書房
・加藤剛（1993）「飼育されるエスニシティ」矢野暢編『講座現代の地域研究3　地域研究のフロンティア』第七章、弘文堂
・姜信子（1990）『ごく普通の在日韓国人』朝日文庫
・鄭暎惠（2003）『〈民が代〉斉唱――アイデンティティ・国民国家・ジェンダー』岩波書店

第9章　外国人の市民権とは
――グローバル市民への視点

錦田　愛子

はじめに――人はなぜ移動するのか

「20人乗りくらいの小さなボートに乗って、海を渡ったの。同じボートに300人はいたかしら。トイレがないから、何も食べないように我慢したわ。子ども2人と兄弟が一緒だった。しばらくしたら、大きな船が来て、助けてもらえた。イタリアの沿岸警備隊だった。それから移動して、最後にスウェーデンに着いた。すごくうれしかった。海は恐ろしかったし、戦争から逃れても、レバノンでは家もなくて何の支援も受けられなかったから。」

これは2015年の夏、筆者が実際に会って聞いたシリア難民の女性の話である。彼女はスウェーデンで難民申請を認められ、滞在許可を得て、スウェーデン語を学ぶための公的な教育機関に通っていた。20代半ばできっちりとスカーフを被った彼女は、もともとはパレスチナの出身であり、ダマスカスで生まれ育ったという。2011年以降のシリア紛争は、難民として長年暮らしてきた土地からの、さらなる離散を彼女に強いていた。

こうした経験が示すように、人が移動する背景には、さまざまな理由が複合的に関係している。

戦争や経済的窮乏ばかりでなく、子どもの将来を憂い、より可能性の開ける場所へと移動を希望するのは、人間の性《さが》だろう。一言で「難民危機」と語られる人の流れにも、移動する側にとってはそれぞれの物語がある。

1　人を守る仕組みとしての市民権

難民を守る仕組みとしては、国際的に合意された枠組みとしては、1951年に締結された難民条約や、その地理的・時間的制約を撤廃した1967年の難民議定書などがある。これらをもとに設立された国連難民高等弁務官事務所（UNHCR）は、NGOや他の国際機関などと提携しながら、難民の直接の支援にあたっている。とはいえ、支援機関が設置する難民キャンプで、人々が過ごせる期間は限られている。帰還が難しい場合、彼らは直接の避難先か、第三国定住により新たな居住地を探さねばならない。

移動した人々が受け入れられるかどうかは、受入国の**移民／難民**に対する政策によって決まる。労働力の需要、安全保障上の管理、社会福祉の基本方針など、政策の選択にはさまざまな要素が絡む。国により、情勢によって、受け入れ人数は異なる。

OECD加盟国のなかでも日本は、難民受け入れ（認定）人数が圧倒的に少ないことで知られる。2011年以降のシリア紛争を受けて、隣国のトルコやレバノン、ヨルダンなど中東の周辺国では、登録難民だけで合計480万人以上を受け入れている（UNHCR、2016年5月18日付）。EU諸国には2015年だけで60万人以上が庇護申請をし、そのうち約23万人に難民の地位が認められた

移民／難民　移動する集団のうち、移民、難民、国内避難民、無国籍者など、庇護を必要とする広範囲な人々を指す。難民条約に定められた政治的迫害など法的規定や、一般に移民に想定される移動の際の経済的動機など、狭い定義に縛られず、むしろ移動後の人々の置かれた状況の近似性に注目した呼称（2、3、103、123 頁も参照）。

(eurosat, asylum statistics：２０１６年3月2日～4月20日付)。なかでも難民が殺到したドイツは、２０１５年だけでシリア人を含めた3万３０００人以上の難民を認定している。これに対して日本では、同年に認定された難民人数はすべての国の出身者を合わせても11人（申請人数は５０００人以上）であり、シリア人については紛争の開始から２０１５年末までで、わずか３人しか難民認定していない（『東京新聞』２０１５年11月6日付）。

ここで言う「受け入れ」とは、何を意味するのか。居住国社会の人々による対応もあるが、国家政策について言えば、それは外国人が市民（シティズン）になれるか否かの決定を指す。具体的には、居住国における法的な帰属（国籍）と、居住者として認められるさまざまな権利（市民権）の付与という二つの形で見られる法的判断である。国籍は市民権を得るうえでの基礎となるが、必ずしも国籍を取得しなくても、外国人として一定の権利が認められることは多い。

中東では原則的に難民に対して国籍は与えられないが、居住許可に基づき、子どもへの基礎教育や国立医療機関での受診など、一定の社会福祉を享受することができる。その反面、国籍を得たからと言って、すぐに完全な市民権が認められるわけではない。とりわけ参政権は、国籍取得後、一定の期間が経過した後に行使が認められる場合が多い。このような地域もあることから、国籍と市民権は分けて考える必要がある。

2　国籍の取得をめぐって

市民となるにはどうすればよいか。まず国籍の取得に関しては、生地主義と血統主義という二通りの原則がある。分かりやすく言えば、アメリカで生まれた人をアメリカ国籍とするのが生地主義で、日本人の子どもは日本人だとするのは血統主義である。実際には一国の制度のなかで、これら二つの原則を場合分けして併用する例が多い。

長期移住した人々は居住国の定める条件に応じて帰化により国籍を取得することが可能だが、国籍はないまま外国人として暮らし続ける人々もいる。自国内に住む永住権をもつ外国人に対して、国籍がなくても市民的権利や社会的権利などを一定の範囲で認めることが、欧米では一般化しているからだ。こうした外国籍市民を指す分析概念として用いられるのが、**デニズン**だ。具体的には、永住資格をもつ労働移民や、難民申請が承認された人々などがここに含まれる。デニズンには政治的権利など、与えられる権利の範囲に制限があるため、国家としてはその人を国民として統合しないながらも社会構成員として受け入れることができる。

移民／難民の側で、国籍取得ではなく、デニズンとしての地位を選ぶのはなぜか。それは、国籍の取得がその人のアイデンティティに影響するからである。国籍の取得は、その国の国民となることを意味する。そこには権利の獲得だけでなく、義務を負うことや、帰属意識の問題も含まれる。近代以降に普及した国民国家という制度は、**ナショナル・アイデンティティ**を一般化させたが、移民／難民のように、出身国と受け入れ国など異なる複数の国家に帰属する場合、それは複雑なものとなった。

将来的には出身国へ戻る可能性があり、出身国とのつながりを維持したいと考える移民／難民にとってはとくに、移動先の居住国での国籍取得はためらわれる選択である。イスラエル建国により故郷を追われ、60年以上離散状態で暮らすパレスチナ難民は、紛争解決の際にパレスチナへ帰還する権利を主張するため、滞在国の国籍を取得してこなかった。宗派体制を政治制度としてとるレバ

デニズン　合法的な永住資格をもつ外国籍の市民。滞在国において市民的・社会的・経済的権利の大半が与えられており、国政選挙を除く一定の政治的権利も認められる国が多い。国民と外国人の中間に位置づけられる。

ノンなど、受け入れ国側の政策の影響もあるが、パレスチナという出身地への帰属意識は根強く、それを放棄したうえでの現住国の社会統合は、多くの場合望まれていない。このように、滞在先での市民権は欲しいが、国籍取得には抵抗がある、という場合に、デニズンという選択肢は魅力的である。

3　市民となるための葛藤

さまざまな理由によって出身国から移動し、受け入れ国で国籍や市民権を得ても、すぐに社会になじんだ市民となれるわけではない。新しい環境では、言葉の不自由さ、慣れない生活文化、親族や友人から切り離された場所に適応しなければならない。家や仕事を探す困難にも直面する。法律上は他の国民と同等の地位にあっても、移民／難民は経済的・社会的に弱い立場に置かれやすい。失業率の高さはその典型的な問題だ。

受け入れ国での多数派集団に対して、服装や生活習慣が目立って異なる人々が移住する場合、社会的な摩擦が起きやすい。イスラーム教徒のスカーフや、食の禁忌（ハラール食品）の問題は、近年注目を集めている。世俗主義の立場を重視するフランスやトルコでは、公共の場でのスカーフ着用を法律で禁止してきた。各国で政治的背景は異なるが、トルコは２０１３年、この法令を廃止した。世俗主義の立場や女性解放の価値観からは抑圧的と見られやすいスカーフも、外出着としてかぶる習慣のある地域では、むしろ女性が男性と混じって仕事をするうえで身を守る、社会進出の道具と位置づけられてきた。公的な場で安心感を与える服装として慣れ親しんだものを、受け入れ国

ナショナル・アイデンティティ　自分の帰属する国家や民族共同体に対して抱く帰属意識。人は国家だけでなく、家族や宗教、地域社会、同一言語コミュニティなどさまざまなものに帰属するが、そのなかで、国家への帰属は法律上だけでなく、アイデンティティの中核的な要素にもなっている（7頁も参照）。

側に拒否感を与えないために自ら変えるか否かをめぐっては、葛藤が生まれる。

多文化主義のもとでこうした文化的差異は、差別につながらないかぎりは放置される**好意的無視**の対象とされる。だが、市場の管理が必要となるハラール食品の認可・普及など、政府の積極的介入が必要とされる領域もある。とはいえ、積極的な保護で政府が介入を行ったとしても、それが受け入れ国市民の価値観により、否定される場合もありうる。スウェーデンではハラール食品の学校給食への導入が、学校教育の宗教的中立性を定めた規則に反するとの抗議が起こった。またハラール手法による動物の屠殺が残酷である、とハラール食品生産そのものを禁止する国もある。

こうした社会的制約から逃れるため、移民／難民は集住地区を作ることが多い。だが集住地区は、同時に貧困地区ともなりがちである。文化的な少数派に対する社会的な差別は、貧困や失業、そこから蓄積した不満の暴発につながり、「**イスラーム国**」への賛同者のような過激主義思想の拡散や暴力など、受け入れ国内でのさらなる摩擦を招くこともある。「イスラーム国フランス」が犯行声明を出した2015年11月のパリ市内での同時多発テロでは、実行犯10人のうち5人がフランス国籍をもつ移民だった。

4　多文化社会をめぐる課題

移民／難民に対しては、受け入れる側にも葛藤がある。異なる文化や考え方をもつ人々を集団として受け入れるには、既存の社会や生活空間に変化が起きることを認めなければならないからだ。その望ましい態様については、同化主義（assimilation）や多文化主義（multi-culturalism）、社会統

好意的無視（benign neglect）　文化的差異などが存在した場合、国家はそれを尊重するため実践を妨げずに無視するが、積極的な支援は行わないという立場。ただし、それらの差異が差別の対象となった場合は、その禁止と根絶に向けて対策をとることが求められる。

合（social integration）などさまざまな議論が蓄積されてきた。移民／難民に対してどの程度、受け入れ国の文化や言語、理念になじむことを求め、同化を求めるのか、移民／難民自身の文化や風習を尊重するために、政府はどの程度介入すべきなのか、問題は政策決定により解決が図られる。

だが社会統合は政策レベルだけでなく、受け入れる人々にとっての課題でもある。難民受け入れに対する賛否を27か国で調査したアムネスティ・インターナショナルの世論調査では、実際にこれまで移民／難民を多く受け入れてきた国々の市民の間で、受け入れに対する前向きの姿勢が確認された。スペインでは78％、ドイツでは69％、ギリシャでは64％の人々が、難民の保護にとりわけ強く賛成し、各国政府はもっと積極的に難民を支援すべき、との意見を肯定していた（アムネスティ国際事務局発表ニュース、２０１６年5月23日）。

これに対して日本社会では、短期滞在の観光やビジネスを除くと、これまで外国人の居住の受け入れに消極的であったと言えるだろう。一部の産業における労働者不足や、社会の高齢化の進行が顕著となってきた今日でも、その傾向に変化はあまり起きていないようだ。２０１６年1月27日～2月9日に『朝日新聞デジタル』が実施し、外国人労働者の受け入れに対する賛否を問うたアンケートでは、51・7％の回答者が反対と答えた（『朝日新聞』２０１６年2月14日付）。「日本人と外国人が共に暮らしやすい社会にするため、最も大切だと思うことは」何か、との質問に対して、最も多かった回答（40％）は、「日本に来る外国の人たちが、日本の文化・慣習や生活のルールを守る」ことであった。つまり、「郷に入っては郷に従え」との精神である。

だが日本でも、最初は違和感を覚えた異文化との接触が、徐々に新しい日常へと変わり、不快なものではなくなっていくこともある。同記事では、実際に隣人として外国人の入居を迎えた神奈川県の集合住宅の住民の声として「慣れも大切。いまでは（外国の）食べ物のにおいがしないと寂し

イスラーム国　2014年にイラクで台頭し、世界的な展開を見せたイスラーム過激派組織。シリア紛争では政府軍との交戦状態が続き、アメリカ主導の有志連合、およびロシアから空爆を受ける。ヨーロッパでは2015～2016年にフランスやベルギーで連続テロを起こして多くの犠牲者を出した。

いし、明るさにも元気づけられる」との感想も聞かれた。韓国人留学生の男性はこう言う。「日本はどんな文化を持っているか、本国とは何が違うか、迷惑をかけないように努力しています。（中略）自分たちが知らなかった失礼があったら、そのことに対して詳しく教えて欲しい」。お互いに当然と考える文化が異なる国で育った者同士だからこそ、密なコミュニケーションと、お互いに対する理解の努力が必要とされる。こうした日常生活におけるミクロな試みの積み重ねが、マクロなレベルでのグローバル化に向けて、日本に求められる大きな課題の一つである。

おわりに

移民／難民は、単に安全のみを求めて新しい場所へ移動するわけではない。彼らが目標とするのは、市民権が認められた社会で安定した生活を送ることである。それを実現する手段としては、いずれかの国家において国籍または永住権を取得することが近道である。だが多くの人の移動に伴い、受け入れ国側との間での摩擦が生じることは避けがたく、多文化

●ディスカッション・タイム●

①移民／難民として移動する人々には、いろいろな人が含まれる。シリアで起きた紛争による難民のように、危険や迫害から逃れてきた人々は、人道的な保護を必要としている。一方で、そうした難民にまぎれてヨーロッパへ来る人々のなかには、武装組織のメンバーや国際テロリストが含まれる場合もある。こうしたリスクを考えると、移民／難民を受け入れることはやはり危険であり慎重になるべきなのか。それとも、人道的に保護する人々が大半を占めるかぎり、やはり受け入れるべきなのか。受け入れ国としてとりうる対策と方針について、具体的に考えてみよう。

②移民／難民の受け入れは、国内で労働者が不足している際には経済の活性化のために有効である。しかし、経済不況が続いたとき、国外からの労働者の受け入れは、自国の労働者から仕事を奪い、社会福祉予算にとって負担となる可能性がある。こうした状況では、移民／難民の受け入れは制限すべきだろうか。また、すでに長年、国内に住み働いてきた外国人労働者やその家族に対しては、引き続き滞在を認めることが適切と言えるだろうか。

主義の尊重は容易ではない。国家を超えた地域間レベルでの統合が進む現代において、グローバルに認められる市民権の保障を追求することは、一つの理想ではある。こうした国際規範の実現に向けた模索を続けながら、それぞれの国内で社会統合に向けた努力を続けることが、当面の我々の目標となるだろう。

◎参考文献――さらなる学習に向けて

・カースルズ、S／M・J・ミラー著、関根政美・関根薫監訳（2011）『国際移民の時代（第4版）』名古屋大学出版会

・近藤敦（2001）『外国人の人権と市民権』明石書店

・キムリッカ、ウィル著、角田猛之・石山文彦・山﨑康仕監訳（1998）『多文化時代の市民権――マイノリティの権利と自由主義』晃洋書房

・デランティ、ジェラード著、佐藤康行訳（2004）『グローバル時代のシティズンシップ――新しい社会理論の地平』日本経済評論社

・錦田愛子編（2016）『移民／難民のシティズンシップ』有信堂高文社

・ヒーター、デレック著、田中俊郎・関根政美訳（2012）『市民権とは何か』岩波書店

第3部

人の移動から世界を読み解く

第10章　現代世界の人の移動
――複合する危機と多様な人々

小泉　康一

はじめに

私たちの身の回りにはたくさんの外国の人の姿が見られるようになった。厚生労働省の発表によれば、日本で働く外国人の数は約90万８０００人（２０１５年10月末現在）で過去最多となっている。

目を世界に向けると、途上国でも先進国でも規模や状況こそ多様だが、人の移動（以下、移住も同義）という現象が広範に起きている。国内で移動する人もいれば、国際的に移動する人もいる。一時的に移動する人もいれば、永久に移動する人もいる。紛争や環境悪化で、いまいる居住地を離れたいが、安全な地へ移動できず、その場に留まる人もいる。

一般にグローバルに移動する人々の数は、２０１３年現在、推定で2億３２００万人、すなわち世界人口の３・２％である。その数は、１９９０年の1億５４００万人、２０００年の1億７５００万人から大きく上昇している。

1 危機の時代

そのなかで、今日「避難」のために移動する人々の数が増えている。国連難民高等弁務官事務所（UNHCR）の2016年の公式統計では、地球上で6500万人以上が避難し、新しい土地、新しい国で生活を送っている。この数には、慢性的で長期間にわたり避難している人々の多くは含まれていない。避難の原因は複雑・多様で、迫害、紛争、自然災害、弱体国家（国民の面倒を十分に見ることができない）、食糧不足など、さまざまな要因があり、それらが互いに入り混じっている。原因が一つだけというのはめったにない。アフリカ、中東、アジアにある弱体国家、失敗国家では紛争と言わず、干ばつ、洪水、地震などの自然災害が起これば、直ちに人々の生命の危険につながる。

彼らは自分から移動（避難）したいと考えたわけではなく、身の回りの危機的な状況のために移動せざるをえない。さまざまな要因が原因となって危機が重なる場合（たとえば弱体国家で、紛争、飢餓の発生）には人々の移動が起こり、広範な栄養失調、疾病、精神疾患など、身に危険な状況が起こる。こうして、移動を余儀なくされる人々を**「強制移動民」**（forced migrants）という。

悲惨な状況は、テレビ、新聞等のマスメディアを通じて世界に報じられる。それらは国内外からの人道的な反応を引き起こす。そのなかの一部の人々のみが、国内法、域内諸国の法、国際法で保護されている。ただし、法があるところでさえ、現実には、移動を余儀なくされた人や、制約があって動けない人の安全を守っているわけではない。

強制移動（民）　以前は、移民に代表される、自由意思による移動を「自発的移動」とし、難民移動を「非自発的移動」として区別していたが、どのような状況でも人間の意思は働くとして、現在は難民に関して、強制移動の用語が使われている（2、3、93、123頁も参照）。

◆乱用される庇護制度

避難した人々の一部は、先進国を目指し、庇護を求める。ヨーロッパ38か国での庇護申請（難民認定の申請）は、世界のどの地域よりも多い。相対的に南ヨーロッパでの申請が最も多いが、トルコでも近年申請数が急増している。最初の到着地・国での待遇が十分満足のいくものでなければ、人々は資金を何とか工面し、密輸ブローカーの手助けで（搾取され、だまされながら）別の土地、別の国へ移るために、安全面に不安の残る〝不法な〟入国を図る。本来、政治的な迫害を受けた人（国連難民条約に言う難民）に適用されるはずの庇護制度は、ともすれば本来の趣旨に反し、乱用されている。ヨーロッパでの事態は、アメリカ、オーストラリア、日本でも見られる。

とくにヨーロッパでは、移民・難民論議が過熱し、大きな政治問題となっている。多くの国々でナショナリズムが高まり、人種主義や外国人嫌いの感情につながっている。一般に、難民としての地位を求める**庇護申請者**（難民として認められるまで、正式には難民ではない）に対し、各国世論は彼らに敵意に近い感情すら感じ、そのため道理にかなった賢明な考え方や対策、対応が生まれにくくなっている。庇護申請者の問題は、福祉機関や関連のＮＧＯにとって、倫理的に難しい問題となっている。

避難はまた、２００１年にアメリカで起きた9・11同時多発テロ以後、安全保障の観点から、移住とテロが関連づけて話されるようになった。現今の世界的な経済不況のなかで、各国はテロや安全保障への懸念から、厳格な国境管理を実施し、移動する人々の保護と権利は制限を受けている。

庇護申請者　彼らは他国で庇護（かばい守ること）を要求した人だが、それがまだ認められていない人。主に“北”の先進国に見出せる。たとえばEUでは、庇護申請者の数が上昇し、大きな関心を呼んでいる。論点は二つ。①各国の主権の問題と、②申請者の人権保護の問題がある。二つの問題は、EU内で矛盾と論議を呼び起こしている（120頁も参照）。

2　難民／移民の区分に合わない人々

移動する人々の中身が複雑になったことで、国家の移住政策の基準となる移民、難民という単一の分類は現状に合わなくなっている。「難民（非自発的に移動する）」と、「移民（自発的に移動する）」の区別が現れたのは、20世紀と言われるが、20世紀後半からその区別が曖昧になってきている。

あえて大雑把に言えば、強制的に押し出されて移動すれば「難民」、いくらかの押し出し要因と引っ張り要因の二つが働けば、普通の「移民」である。しかし難民の場合でも、移動の原因がすべて押し出し要因ばかりだとするのは誤りである。それではあまりに単純すぎる。人はどのような場合でも、程度の差こそあれ、自ら決める力がある。ユダヤ人の絶滅を意図したアウシュビッツ強制収容所でさえ、たとえ厳しい肉体的な束縛があっても、人の精神の自由までは束縛できなかった。

脱出の要因を、政治的な迫害ならば難民、生活向上のために移動する人々は移民だというように、単純な区別はできない。

１９８０年代を通じて、ベトナムを間断なく離れたベトナム・ボート難民の場合には、少なくとも東南アジア諸国や香港など、第一次庇護国（逃亡後、最初に受け入れられた国）での引っ張り要因が、祖国ベトナムでの押し出し要因である政治的抑圧、経済不況、貧困と同じくらい強かった。カリブ海の島国ハイチでは、過去何十年となく、政治指導者による政権の私物化で国が圧政と極度の貧困に陥り、何万人ものハイチ人が船で国外に逃亡した。傍目には、生活苦から逃げ出した人のように見える。難民と認められるには、国を出る理由が政治的迫害でなければならないとしてしまえば、私たち外部者には、彼らは生活向上を目指す〝経済難民〟にしか見えず、難民とは見なされなくなる。

人々は現在、相互に関連する広範でさまざまな理由、たとえば暴力紛争からの避難、政治的圧迫や人権侵害、自然災害を逃れるため、職を得るため、家族に再会するため、留学や退職後の生活のために移動する。人々の移住の動機は決して単純でも一つだけでもなく、国家が入国の際に求める理由自体が、従来の移民か難民かという、官僚的・法的な区分には合わなくなっている。自発的な移動（移民）と強制移動（難民）の境界は曖昧である。

加えて近年は、避難する人々の数が増え、国内避難民、人身売買など、さまざまな種類の人々が入り混じった移動になり、それとともに関連の事業に関与する機関・組織の数が増えて、問題が一層複雑化している。

◆国連の定義と世上での意味

1951年に制定された国連難民条約で難民の「定義」が生まれ、現在同条約は国際法として60有余年を経たが、世界にはこの公式的な定義の範囲には容易におさまらない多様な強制移動の人々が存在する。国連難民条約で定義された難民の概念でさえ、学者、各国政府、人道機関の間で絶え間なく論議の的となっている。

一般社会で使用される「難民」の用語は、多義的で、多くのことを意味している。その意味は、人それぞれに解釈されている。言葉が便利なためか、〝ネットカフェ難民〟〝難民しよう〟など、言葉が乱用され、言葉の劣化とも言える事態が起きている。難民の語は本来、法律・行政の用語であり、〝かわいそう〟〝何もできない人〟のような否定的な意味をもたない。便宜上、仮に人々を「グループとして分類する役割」しかなかった。

本章での「難民」の用語は、ＵＮＨＣＲがかかわる人々、すなわち難民条約に該当する難民（条約難民）、庇護申請者、国内避難民、無国籍者、帰還民などを含む、一般的な呼称として使っている。言い換えれば、通常の使用法に従い、難民の地位を認められた人も、まだ難民と認められていない庇護申請者にも、難民の用語を使っている。

3　高くなる国境の壁と密輸業の隆盛

人が危険を避け、さまざまな理由で移動するなかで、彼らを受け入れる側には戸惑いが生じている。国の人口構成を変え、自分たちの伝統・文化が壊されるのではないかというおそれがあり、治安や犯罪への不安もある。

以上のように、本来、人の移動は政治的である。国民ではない人の権利に国家がかかわり、性質上、国際的である。各国は現在、国内の長期的な経済不況から、移民・難民の流入を厳しく制限しており、難民申請者に与えられる庇護は、入国を望む人々に、唯一残された合法的な手段である。庇護という合法的な入国手段が移民に乱用されていることを口実に、各国の政府当局は、従来、寛大さを示してきた難民の国際保護の適用を厳しく制限している。難民条約の定義の解釈を厳しくすれば、該当する人は誰もいなくなる。人の移動、入国には厳格な壁が立ちはだかっている。

多くの国々が、流入抑止策の一環として、庇護申請者の社会的、経済的な基本的権利を否定し始めた。今日この問題は、受け入れ側にとっては、国内的な移民政策（不法、かつ労働力として使い捨ての外国人との見方）と、犯罪者として処罰するという司法による裁きの側面がある。また国境を超えた問題の性質上、国家間での協力、調整が必要な分野となっている。

◆違法な追い返しと密輸業

ヨーロッパの国々のなかには、不況が長引くために、国内の社会・経済が大きな影響を受け、〝南〟の国々からの移民・難民の移住圧力に耐えかねて、彼らの〝帰国〟計画を行っているところがある。人の強制的な追放は、明らかに国際法違反であり、入国を拒否されたり強制的に帰国させられた人々を、また新たに密入国という道に追いやるかもしれない。事実、厳格な国境管理と庇護制度のために、人々は〝不規則な〟手段を講じるようになっている。

インタビューした何人かの人々は、「追い返されても、またもう一度やる」と述べている。命をかけても、入国したい人の行動を止めることは難しい。これは、密輸ブローカーが関与する、移民・難民の密入国と人身売買を促す密輸産業の隆盛につながっている。これらの事態は、個々の国家にとって、財政的に逆効果で不毛であるばかりでなく、人権を守り、庇護申請者・難民に保護を与えるうえで、国内的にも国際的にも、義務を損ねている。

4　出口が見えない解決への道筋

一貫しない難民の定義とともに、困難な問題は、どうしたら解決できるのか、という点である。よく言われる従来の三つの「**恒久的解決策**」が、なかなか実施できない。たとえば、ソマリア、アフガニスタンのように国内の治安が安全でなければ「自発的帰還（自分の国に戻ること）」はできな

恒久的解決策　最終的に、難民の生活に安定と安全を取り戻すこと。UNHCRの用語である。三つの恒久的解決策とは、「自発的帰還」「庇護国定住」そして「第三国定住」であるが、これらはすべて、難民を受け入れる社会の統合への努力次第である。しかし過去10年、統合達成を難しくする政治的不安が増している。難民統合のうえで西側世論がとりわけ敏感になるのは“イスラム原理主義”の伸長のおそれとつながっているためである。

いし、タンザニアのようにかつて難民定住に寛大であった国でも「庇護国定住（現地定住とも言う。最初に受け入れられた国に住むこと）」を認めず、難民を国境の外へ追い出している。「第三国定住（出身地域外の全く新しい国に受け入れられること）」は、途上国でも先進国でも受け入れのハードルは高い。

第三国定住は近年、日本でも行われ、インドシナ難民やミャンマー（ビルマ）難民の定住に役立った。第三国定住は、世界にいる実際の難民数に比べ、各国の受け入れ数が少ないものの、難民の問題の解決には欠かせない選択肢としてある。

UNHCRが各国から提供される定住枠は、世界全体で約5万人。大きな数で受け入れるのは、アメリカ、カナダ、オーストラリアといった移民国である。その他、各国はUNHCRを通さず、独自に自国に定住させている。定住を受け入れる国は、この20年間、あまり変わっていない。

何人受け入れるかという定住枠は、関係する受け入れ国の特別の関心に基づいて決められ、定住させられる人は通常、UNHCRが定める優先順位とは一致していないのが実情である。

◆望まれる各国の協調

現在、第三国定住という解決策は、特別な必要がある難民に対してのみ、とられている。今日では、世界全体の難民の1％以下にしか与えられていない。しかし現場の事情はと言うと、たとえば大半のイラク難民にとって、同じアラブ系とはいえ、アラブ諸国は彼らの定住を許可しないので、現実的な選択肢ではない。エジプト・カイロでインタビューしたイラク難民の半分以上が、国を離れる前に財産を売却しており、国に戻ることは難しい。

現今の世界情勢のなかで、定住を考える際、気に留めねばならないことは、各国の受け入れ姿勢が固く、受け入れ枠の大幅増は非現実的なだけでなく、受け入れ国の基準で難民選別が強められ（選り好み）、ますます制限的になっていることがある。国際社会で各国が協調して、方向の見直しでもしないかぎり、定住の機会は減少する傾向にある。

多くの難民にとって、西側諸国への定住は、ＵＮＨＣＲを通じてであれ、民間の「**私的保証人計画**」を通じてであれ、より良い生活への真に唯一の機会であり、緊急援助後に最も求められるものである。現在は非常に少ない限られた数の難民だけが、そうした計画で受け入れられている。

おわりに

私たちは、人の移動が国の政治、社会、経済的な課題に重要な影響をもち、急速に変化する世界に住んでいる。人の国際移動は、各国政府、国際機関、ＮＧＯや一般社会の注目をますます引いている。移動する人々、とくに難民は、国と国の間や国内での安全保障や経済不況に関係し、国際的な法や政治的枠組みをより複雑にしている。そのなかで、移動する人々の権利を守ることが重要な課題となっている。

定住については、社会統合を含む過程をどう推進したらよいであろうか。第1部と第2部で分析された点を踏まえて、地方自治体、雇用主、そして地元の市民の役割がますます重要になっている。地域で、保健、教育、社会福祉、雇用、法令施行のような問題に対処する公と民の活動が、さまざまに始まっている。今後はいっそう、さまざまな関係者の間の活動の調整と、事業の一貫性が求められるであろう。

私的保証人計画　民間組織や各種グループが、受け入れを保証して国外から難民を受け入れること。カナダで最初に始められ、保証人は難民の住居や職探しを手伝い、語学教育や教育の便宜を図り、ごく一般的な情緒支援を行う。同国では保証人が、難民の定住計画のなかでコミュニティの参加を促し、定住難民への支援の枠組みを作り出した。しかし重要なのは、この私的保証人計画は、国から民間への援助の肩代わりではないことである。

一方で忘れられてはならないことは、移動する人々、とくに庇護申請者・難民にとって、新しい国でのアイデンティティ（自己のあり方）は、多くの事柄や人とのつながりを通じて、相互に交渉され影響し合いながら作られることである。彼らと地元住民との接触がなければ、互いに敵意をもち、争いが起きるかもしれない。

移動、それが自発的であれ強制的であれ、関係する個人は、社会・心理面では複雑な思いを抱えている。慣れ親しんだ、家、国、文化といった安定から離れた後、孤立したと感じるなかで差別や基本的人権の侵害と闘わねばならない。

過去から未来に向けた彼らのアイデンティティは、いまある政策やサービスに、移民・難民を含むことで実現される。そしてそれは、地域社会によって援助される。難民用の制度と地元住民の制度が並存する二重の行政制度は、無駄であるばかりか、予算が欠乏すれば難民対象の制度は廃止されてしまうおそれがある。

方針の大枠を決める責任は、まず国にある。その方針に自治体、地域社会、各個人は協力し、共生の道を探らねばならない。難民を〝救いのない犠牲者〟と見る見方は、彼らが人間としてもつ力と交渉権を取り消すことになる。私たちは現代という、歴史的、社会的な過程に直面するなかで、社会行為者としての難民の役割を見る必要がある。

●ディスカッション・タイム●

①3・11の東日本大震災では多くの人が、避難を強いられた。難民にとられる三つの解決策、「元の土地へ戻る」「移動した地に定着する」「新しい土地へさらに移動する」が、同じように当てはまる。被災した人々はそれぞれに解決策を模索し、選んでいる。彼ら個々人の課題とその選択・決定プロセスを、新聞記事などを参考にしながら話し合ってみよう。

②人は洪水のような突発的な災害の場合には、すぐに逃げねばならないが、政治的迫害、人権侵害、あるいは緩慢に進む温暖化による海面上昇などで命が危険にさらされ、生活が困難になる場合がある。具体的な事例を探して、人々の移動（もしくは残留）の決定がどう行われたかや、実際の対策を考えてみよう。

◎参考文献——さらなる学習に向けて

・ウェイナー、マイロン著、内藤嘉昭訳（1999）『移民と難民の国際政治学』明石書店
・カースルズ、S／M・J・ミラー著、関根政美・関根薫監訳（2011）『国際移民の時代（第4版）』名古屋大学出版会
・小泉康一（2013）『国際強制移動とグローバル・ガバナンス』御茶の水書房
・小泉康一（2015）『グローバル時代の難民』ナカニシヤ出版
・難民研究フォーラム編（2011）『難民研究ジャーナル』第1号、現代人文社

第11章　人はどう動いてきたのか
――世界の変化と人の移動

池田　丈佑

はじめに――「ホモ・モーベンス」としての人間

人は住まう。人は動く。その間に果てしない空間が広がる。そのなかで、人はさまざまな理由から動く。近所に買い物に行くとき、それは普段の生活である。だが、内戦を避けて国境を越えるとき、それは緊急事態である。人の移動が多彩であることは、すでに前章でも述べられた。では、そのような人の移動とはそもそも何であり、歴史を通してどう移り変わってきたのか。本章ではこの問いに取り組んでみよう。

かつて、建築家の黒川紀章は、人間を「**ホモ・モーベンス**（動くヒト）」だと述べた。この言葉には、彼が考えた以上に深い意味がある。「動く」という点から人間を動物と比較すると、一般に動物は必要に迫られて動くことが多い。狩りをするのも、それから逃げるのも、パートナーを探すのも、いずれも生きる必要ゆえである。だが人間は必ずしもそうではない。野球観戦のためにアメリカへ旅行することは、多くの人にとって生きる必要ではなく、単に行きたいから行く話である。このように、人間は必要に迫られないで動くことがある。そしてそれを支えるのは、「動きたいなら動いてもよい」とする一つの自由である。つまり、人間の移動が動物のそれと違うのは、自由な

ホモ・モーベンス（homo movens）　もともと黒川は、この言葉を、技術の進歩と都市化が進む世界で、人間が各地へ自由に移動することとして考えていた。今日、同じような意味を表すものとして「モビリティ」という言葉が使われることも多い。

移動の有無だと言える。

もちろん動物も、一見すると必要に迫られないで動くことがある。たとえば鮭の長い旅は、必要に駆られた移動というよりは生きることそのものに見える。にもかかわらず、そんな鮭の旅と私たちがする旅の間にはなおも違いがある。それは「アメリカへ行こう」「この店に寄り道しよう」という類の意志の有無である。人間は、単に「動いてもよい」のみならず「動こう」と意志を働かせ、実際にそこへ行く。もちろん、その意志が挫かれることもある。やむなく行き先を変えなければならないこともある。だが、自由と意志が存在するために、私たちの移動はここまで多彩になりうる。究極の例は、宇宙旅行だろう。私たちが知るかぎり、地球上の生物で、自由と意志をもって自分の星を飛び出すことができるのは、人間しかいない。

いま述べた自由と意志とが、多彩な人間の移動をいくつかの形へと分けていく。そこでここからは、その形に沿って、人間がどのように動いてきたか、概要を見ることにしよう。

1　自然環境と移動

人間が霊長類・ヒトとして進化するにあたり、移動は不可欠であった。約200万から50万年前にアフリカ東部・南部で出現したとされるヒトの祖先は、長い時間をかけて地球上のあらゆる陸地へ移動した。一般に「グレート・ジャーニー」と呼ばれるこの移動は、ヒトの進化の一部であると同時に、ヒトそのものが自然に向き合い、それに応える過程であった。歴史家A・J・トインビーは、著書『歴史の研究』（社会思想社、1975年）のなかで、「自然からの挑戦と人間の応戦」として、こうした過程を人類史の主題に据えている。

進化を続けるヒトにとって、一番の問題は衣食住、とりわけ食であった。移動する主な理由は、そうしなければ、いずれ食べ物が尽きるからであり、一方で移動した先に食糧が期待できるからであった。人間が農耕を営むまでには長い前史がある。それは食糧を求めて動く狩猟と採集の暮らしであり、あるいは家畜を伴い移動する遊牧の暮らしであり、つまり自然環境を軸に人間が動く歴史であった。農耕はこの構図を逆転させる。定住を始めた人間を軸に自然環境が動き始めるのである。考古学者G・チャイルドはこれを「食糧生産革命」と言い、科学史家の伊東俊太郎は「食糧革命」と呼んだ。食が固定され、移動する必要が（少）なくなることで、とどまる時間が増える。それは、住空間が固定されることへとつながる。もちろん、文明論者の梅棹忠夫の言うように、地球上すべての地で、人間の暮らしが狩猟採集から始まり、遊牧を経て農耕へ至ったわけではない。だが、定住をきっかけに、土地を耕す（cultura）ことから文化（culture）の発展へつながり、それが、定住する人たちの集まり、すなわち都市へとつながっていったことはなおも興味深い。一般にこの集まりは文明と呼ばれる。

生活のために食糧を生産し、やがて食糧が余るようになると、人間は主に二つの方法でこれを何とかしようとした。「貯める」か、あるいは他と「交換する」かである。ここに経済活動のきっかけが生まれる。「貯める」場を表したのが倉庫であるなら、「交換する」場を表したのは市場である。日本語で「いちば」と呼ぶこの場所が、いまだ全国に地名として散在していることを思い出しておこう。こうして人々は市場へと動く。そこでは余った食糧のみならず、さまざまなものが交換される。余ったものを使って足りないものを手に入れようとし、余ったもの同士の交換から、貨幣を間に入れた交換へと、営みも変化する。やがて人間は、単に余ったものを交換するのみならず、足りないものを求めて積極的に動いていく。自らの住む国を越え、際限なく足りないものを手に入れようと動くと、それが戦争の原因になる。プラトンの著作『国家』のなかで、ソクラテスはそのようなことを述べた。

たしかに、ソクラテスの考えは正しかった。この時期、富を求める動きは、しばしば大がかりな戦争を伴っていることが多い。アレクサンダー大王による東征にせよ、チンギス・ハーンによる西征にせよ、戦いの移動は富を求める移動を伴い、富を求める移動は戦いの移動を伴った。戦闘の結果、一方が敗退すると、勝者はその街で掠奪を繰り返した。たとえば、西暦410年、ゴート族がローマを陥落させたとき、兵士による掠奪は3日間続いたと言われている。

2　宗教と移動

もちろん人間は、敵と戦い何かを奪い取るためだけに移動を繰り返したわけではない。富を求めず敵と戦わない移動の典型に、巡礼がある。その前提として、宗教という存在は移動の歴史に欠かせない。神を崇め、神の教えに従って、人々はさらに移動した。もちろんそこに暴力が絡むこともある。旧約聖書にある「出エジプト」とは、暴君パロの手から逃れて「約束の地」へ向かう移動であり、それから一〇〇〇年後に派遣された十字軍は、その「約束の地」を奪回するための戦争であった。だが、そうした劇的なもののみならず、無数の人々が、巡礼という形をとって移動したことも事実である。物語『西遊記』は、孫悟空が聖地天竺《てんじく》へ赴いた冒険物語である。実際の巡礼の旅を記した代表作となれば、イブン・バットゥータによる『大旅行記』（東洋文庫、1996年）にまさるものはあるまい。メッカ巡礼をつづった『大旅行記』を読むと、当時の旅が巡礼と一体になっていたことがよく分かる。旅人のために水を出し、宿を出し、らくだをあっせんしていた風景は、大きな寺社の周りに門前町ができ、宿が開き、馬場が発展していった日本の様子に重なる。

これとは別に、巡礼とやや異なる宗教上の移動として、留学とでも呼べるものがある。巡礼にあっても、もちろん行く先々で、あるいは聖地で、神の教えを学ぶことはあった（実際、先に挙げたバットゥータも、聖者からイスラームの律法を学んでいる）。しかし、聖地で祈ることを第一の目的とする巡礼と違い、留学は神仏の教えを学び、それを持ち帰って他の人々へ普及させることが一番の目的である。遣隋使・遣唐使に代表される中国大陸・インドへの旅行は、単なる政治的儀礼を超えていた。僧侶たちは大陸各地にとどまり、仏典を写経して勉強し、それらを日本に持ち帰った。

巡礼・留学と並ぶもう一つの宗教上の移動は、布教である。巡礼が、神の教えを守り自分自身のために行う移動であるとするなら、留学や布教は、神の教えを伝え他人のために行う移動であった。そして、留学が他人に伝えるべく宗教上の中心地へ向かう移動であったのに対し、布教は同じ目的のために宗教上辺境の地へと向かう移動であった。最も精力的にこれを行ったのはおそらくキリスト教であろう。はじめは文字どおり隣人に説いていた布教は、やがて使徒や教会といった制度を通して組織的な活動へ発展した。そうした布教は、古くはローマ帝国による弾圧、日本であれば近世諸大名による禁教に代表される、無数の反対によって挫かれた。しかし同時に、海を越えて新世界へ赴き、時に暴力を伴って改宗を迫った別の側面にも注意しておかなければならない。16世紀、中南米に渡ったスペイン人が、現地の人々を「奴隷」と見なし、改宗を迫ったこと、そしてそれが苛烈を極めたことは、ラス・カサスの著作『インディアスの破壊についての簡潔な報告』（改訂版、岩波文庫、2013年）を一読すれば明らかである。

3　迫害と移動

宗教に結びついた移動は、こうして、巡礼や留学、布教、さらには戦いをも伴った人間の動きを生み出した。だがこれらは主に、動ける自由をもった少数の人々が、動こうとする意志を伴って移動したものであった。

次に見るべきは、同じ宗教上の理由であっても、必要に迫られ、動くことを強いられた移動である。その背後には、宗教上の立場や理由に基づく、何者かからの弾圧があった。一般にこの弾圧は**迫害**と呼ばれる。そもそも、先に挙げた「出エジプト」が、強いられた移動であった。イスラム教の始祖ムハンマドに従ったムスリムたちは、クライシュ族から迫害を受け、ムハンマドの指示によってアビシニアへと逃れる。17世紀フランスでは、フォンテーヌブローの勅令後、迫害に耐えかねたユグノー教徒の大移動が起こり、今日私たちが「難民」と呼ぶ人々の原型を形づくることになる。迫害による強いられた移動の例は、おそらくいくらでも出てくるだろう。だが忘れてはならないのは、ナチス・ドイツによるユダヤ人問題の「最終解決」であり、あるいは今日に至るまで繰り返されている「民族浄化」である。今日、難民・強制移動民の問題が最も解決を必要としているものであることは、多数の事例からも明らかであろう。詳しくは先行する第10章と、この後の章をとくに読んでもらいたい。

迫害（persecution）　難民の庇護・保護に関する国際的ルールである「難民の地位に関する条約」によると、「人種、宗教、国籍もしくは特定の社会的集団の構成員であること、または政治的意見」を理由とした圧迫、弾圧が迫害にあたるとされる。

4　移動と主権・国家

ところで、移動の世界史とも呼ぶべきこうした流れを眺めたとき、人の動きを可能にし、あるいは妨げるものとして、国家が存在し続けたことを見逃してはならない。ある国と他国との境を定め、どこからどこまでの地に住む者を一国の民だと判断するかは、国の根幹にかかわる重大事、つまり**主権**にかかわる事柄だとされてきた。

人の移動という点から主権を見ると、その影響力は想像以上である。第一に、主権は人の自由な移動を認めない。認められるのは許可された人々の移動であり、原則として、勝手に国境を越えるわけにはいかないのである（その証拠がパスポートである。日本語で「旅券」と呼ばれるこの書類は、私たちの「通行に支障が出ない」よう各国政府に「依頼する」文書である以上に、その国から外に出、旅することを許可する券である。だからこそ、出国にあたっては「審査」を受けなければならない）。第二に、その結果、自分が生まれ育った国以外の国に入り、そこで住むためには、各国の定める特別の手続きを踏まなければならない。自分がどこで生まれ育ち、つまりどこの国民であるかは、各国が「国籍法」という形で定める。一方、そうでない人々が他国に入る場合、あるいはその国の市民になろうとする場合、その手続きは「入国管理法」などによって進められる。ごくまれに、国籍のない人が出てくる。だがそうした場合でさえ、各国は協力して、なんとか無国籍者が出ないように努力する（それを定めるものは「国際私法」と呼ばれる。無国籍者の問題は、第13章を参照）。したがって、この世界に住む人間は、原則として全員がどこかの国民である。そして国家と国民からなる世界に住む以上、自らの国に認めてもらわないかぎり自由な移動はできず、また相手の国に認めてもらわ

主権（sovereignty）　国家が国家であるための条件として、いかなる「力」が必要かを表した考えである。一般に、国内においてはどの人間集団・組織よりも強く、国際的には他の国家と対等であるということが求められる。

ないかぎり、そこへ行くことはできない。各地域の細かな状況は、この本の第4部を読むとより分かってくるだろう。

しかし、そうした国家から逃れる人々がいる。歴史を通し、より良い仕事と生活環境とを求めて、多くの人が国境を越えてきた。「移民国家」と呼ばれたアメリカやカナダなどは、国づくりの一環として積極的に移動してきた人々を受け入れた。しかし今日、パスポートもたずに国境を越える人々の多くは、行く先の国に不法に入ったとされ、強制的に帰される。ここで理解すべきは、移動する人々を積極的に受け入れてきたことも、また力ずくで追い返してきたことも、ともに国家の力、主権の働きだった点である。人が国境を越えて他国へ行けるかどうかは、基本的に、国家の判断次第である。

そのうえで、国家主権のこの働きを、あくまで乗り越えようとする人々がいる。難民である。難民は、自らの国にとどまることに危険を感じ、おそれるだけの十分な理由があって、自ら国を離れる。それは、世界人権宣言第13条第2項でも認められた「自国を立ち去る権利」のもと、自らの意志で離れる行動である。一方、そんな難民を受け入れる国は、逃れてきた人々が迫害を受け、自国を離れるに十分な事情があったのかを審査する。そして審査に合格すれば、逃れてきた国に住むことを許す。これを**庇護**と言う。

こうして、国家からなる世界では、誰が国民であるか、国民が他国に行き、逆に他国民がやってくるときにその人をどう扱うか、国籍がない人や自国から逃れてきた人をどう扱うか、それぞれについて、国家間で、あるいは国内で、ルールが作られる。そして、ルールに沿って人の移動が管理され、出入国が許され、拒まれ、あるいは庇護が与えられる。いま述べたものはすべて、国家主権の働きに含まれる。国家と主権とが、人の移動を見るうえでいかに欠かせない要素であるか、よく

庇護（asylum）　庇護は、保護とは異なる。庇護を求める者がやってきた国が、審査のうえで「難民」という法的地位を与え、自国民とほぼ同じ法的扱いをすることを言う。保護はそれよりも広い活動が含まれる（104頁も参照）。

分かるであろう。

おわりに

人は住まい、人は動く。間には広大な空間が広がっている。本章が明らかにしたかったのは、この空間が、世界の変化とともに多彩な顔を見せてきた、という点であった。世界変動が人の移動を可能にし、あるいは不可能にする。それによって、新たに移動できるようになった人もいれば、逆に動けなくなった人もいる。現在の私たちは、そうした変化の先端に立っているに過ぎない。

だからこそ、今日世界がグローバル化という名前でいかなる新しい動きに直面しているかということに、私たちは敏感になっておかなければならない。実際、人の移動に決定的な影響を及ぼし続けてきた国家そのものが、現代にあっては変容を迫られ、時に力を失い「破綻」してしまうこともある。逆に、多くの人々の移動を前に、国境を閉ざし、人の移動を制限し、国家が自己防衛に走る場合もある。NGOやテロリストのように、国家と国境とを軽々と越える集団が現れ、世界に無視できない影響を及ぼすとき、人の移動はいかなる変化を受けるのだろうか。逆に、国家が自らの主権を最大限に強化しようと試みるとき、人の移動はどう左右されるのか。いずれに対しても注意深い視線を送る必要がある。なぜなら、そうした変化が、移動をしようとする私たちの自由と意志とに、直接影響を及ぼすからである。

◎参考文献――さらなる学習へ向けて

・今西錦司（1989）『世界の歴史1　人類の誕生』河出文庫
・黒川紀章（1969）『ホモ・モーベンス――都市と人間の未来』中公新書
・トーピー、ジョン著、藤川隆男監訳（2008）『パスポートの発明――監視・シティズンシップ・国家』法政大学出版局
・中尾佐助（1966）『栽培作物と農耕の期限』岩波新書
・墓田桂・杉木明子・池田丈佑・小澤藍編著（2014）『難民・強制移動研究のフロンティア』現代人文社

●ディスカッション・タイム●

①グレート・ジャーニー、出エジプト、バットゥータの大旅行は、それぞれどのようなルートで進んだだろうか。関連する文献を参考にしながら、地図でたどってみよう。

②日本の「国籍法」は、日本人である条件をどう定めているだろうか。また、外国人が日本人になるためには、いかなる手続きを踏めばよいだろうか。それぞれ調べて、図表にしてみよう。

③グローバル化が進む今日、人々はこれまで以上に多彩な理由から移動する。そこで、理由を考えられるだけリストアップし、「自発的な移動」と「強制的な移動」に分類してみよう。どのような特徴が分かるだろうか。

第12章　世界は人々をどのように守ってきたのか
——ルール・組織と活動・恒久的解決

上野　友也

はじめに

難民や国内避難民などの人たちは、政治的な迫害、人権の侵害、武力紛争や自然災害の被災から逃れて避難してきた人々である。それでは、国際社会は、そのような人々を助けるために、どのようなルールを定めているだろうか。さらに、難民や国内避難民などの人たちを助けるために、どのような組織が作られ、どのような活動をしているのだろうか。難民の問題を解決するとは、どういうことであろうか。それらについて考えてみることにしよう。

1　難民を守るためのルール

◆難民の地位に関する条約とその議定書

難民の地位に関する条約（1951年、以下難民条約）は、難民とは誰を指すのかを決めている条約でもある。難民とは、以下の（1）、（2）、（3）の条件すべてを満たす人のことを言う。

難民の地位に関する条約　難民の定義、法的地位、職業、福祉、行政上の措置などに関して規定した条約。この条約は、1951年7月に全権委員会議で24か国の賛成によって採択され、1954年4月に発効した。日本では、1981年10月に公布され、翌年1月に発効した。2014年9月現在で、145か国が批准している（3、93、103頁も参照）。

（1）人種、宗教、国籍、特定の社会的集団の構成員であったり、政治的な意見が政府と異なったりすることで、迫害を受けたり、迫害のおそれがあるという十分な理由のある恐怖があること。
（2）国籍国の外に避難している者。
（3）国籍国の保護が受けられないか、受けることを望まない者。

ところが、難民の地位に関する条約は、難民として認められる人の範囲をさらに狭めている。難民は、前記の三つの条件だけでなく、次の（A）、（B）の条件を満たさなければならない。
（A）時間的条件。1951年1月1日以前に生じた事件の結果として難民となった人。
（B）地理的条件。（A）の事件とは、条約の批准国がヨーロッパにおいて生じた事件か、全世界で起きた事件かのどちらかを選択できる。

そのため、（1）、（2）、（3）の条件を満たしていても、1951年以降の事件による難民は、難民の地位に関する条約の難民に該当せず、場合によっては、ヨーロッパ以外の地域の難民も該当しないことになってしまう。このような不具合を是正するために、**難民の地位に関する議定書**（1966年、以下、難民議定書）では、（A）、（B）の条件を削除して、難民を広く捉えることになった。ただし、条約の批准国が、（A）の事件をヨーロッパの事件に限定している場合には、引き続き、その制限を認めるものとした。

このような条件を満たした人々が難民として認定されるためには、庇護国が、庇護希望者を審査する必要がある。庇護希望者が難民であると認定されない場合、難民としての保護を受けることはできない。

難民の地位に関する議定書　難民条約では、難民の地位に関する時間的・地理的要件が設けられていたが、その要件を撤廃するために用意された議定書。同議定書は、国連総会議長と国連事務総長の署名を経て、1967年1月に加入のために開放され、同年10月に発効した。日本では、1982年1月に公布され、発効した。2014年9月現在で、146か国が批准している。

◆難民条約以外のルール

私たちが難民としてイメージする人たちと、難民条約や難民議定書が定めている難民にはギャップがある。たとえば、人権の侵害や武力紛争から逃れた人々は、難民であろうか。一般的に「難民」として認識される人々でも、難民としての地位が得られない場合が数多くある。それは、(1)の範囲が狭すぎることに問題がある。そのような不都合を是正するために地域的な取り組みが行われている。

たとえば、アフリカ統一機構(OAU: Organization of African Unity)は、OAU難民条約(1969年)を定めており、外国からの侵略、外国の占領と支配、公の秩序を著しく乱す事件によって、隣国に逃れた人々も難民として認定している。また、ラテンアメリカでは、難民の保護に関する「カルタヘナ宣言」が出されている。それによれば、暴力、外国からの侵略、国内紛争、大規模な人権侵害、公の秩序を著しく乱す事件から避難する人々も、難民として認定するように各国に要請している。

それでは、(2)の地理的範囲については、どうであろうか。現在では、国境を越えない人々に対しても、国際社会の保護を与える動きが出てきている。そのように国境を越えないで国内にとどまり、居住地からは避難している人々のことを「国内避難民」と言う。国連が定めた1998年の「国内避難に関する指針原則」のなかでは、国内避難民に対して、難民に与えられている自由や権利と同等の自由や権利を保障するように求めている。

◆難民条約における保護

それでは、難民条約によって、難民はどのように保護されるのであろうか。とくに重要なのは、

ノン・ルフールマン原則（難民条約第33条）と呼ばれる原則である。たとえば、迫害を受けて隣国に避難した人々が、その隣国から出身国へ追放や送還されてしまったら、どのような事態になるであろう。そのような場合、帰還させられた難民は、迫害されてしまうに違いない。そのような難民に対する非人道的な措置を止めるために、難民の出身国への送還は原則として禁止されている。

また、難民が隣国に逃れた場合、その隣国で不法入国の取り扱いをした場合、処罰の対象となってしまう。そこで、難民条約第31条によって、そのような庇護希望者に対して刑罰を科すことも禁止している。

2　難民を守るための組織と活動

◆国連難民高等弁務官事務所（UNHCR）

それでは、このような難民を守るために、どのような組織が活動しているのであろうか。代表的な国際連合の組織として挙げられるのが、ＵＮＨＣＲ（United Nations High Commissioner for Refugees）である。ＵＮＨＣＲは、**パレスチナ難民**以外の世界のすべての難民と無国籍者を保護の対象としている。

冷戦初期の緊張のなかで、ＵＮＨＣＲの業務の中心は、東ヨーロッパから西ヨーロッパへの政治亡命者の再定住先を探すことであった。１９５６年には、ハンガリーで人民の抵抗運動が起こり、ソ連軍がハンガリーに侵入した（ハンガリー動乱）。その混乱を避けるために、難民が国境を越えて隣国のオーストリアやユーゴスラビアに避難することになった。そこで、ＵＮＨＣＲは難民の再定

ノン・ルフールマン原則　難民条約第33条第１項では、ノン・ルフールマンの原則を以下のように定めている。「締約国は、難民を、いかなる方法によっても、人種、宗教、国籍、もしくは特定の社会的集団の構成員であること、または政治的意見のためにその生命、または自由が脅威にさらされるおそれのある領域の国境へ追放し、または送還してはならない」。ノン・ルフールマン原則は、慣習国際法であると見なされているので、難民条約の批准国以外も拘束すると考えられている。

住先を探し、一部の難民をハンガリーに帰還させる支援を行った。

当初のUNHCRの活動はヨーロッパが中心であったが、アジア、アフリカでの独立戦争や内戦、ラテンアメリカでの内戦や人権侵害によって、UNHCRの活動の範囲は拡大することになった。たとえば、アフリカ北部のアルジェリアでは、フランスとの独立戦争（1954〜62年）によって難民が隣国のチュニジアやモロッコに避難した。この状況に対して、UNHCRは、赤十字社連盟（現在の国際赤十字・赤新月社連盟）と協力して難民キャンプでの食糧、衣料、医療支援を実施することになった。その後、アルジェリア独立戦争が停戦し、UNHCRは難民の帰還を支援した。

冷戦終結後、UNHCRの支援の対象者は、難民、無国籍者、庇護希望者、帰還民、国内避難民にまで拡張していった。1992年、ヨーロッパのバルカン半島にあるボスニアでは、ボスュニャク人、クロアチア人、セルビア人の三者による内戦が始まった。UNHCRは、国内避難民などの被災者に対して物資を提供するために、サラエボ空港への空輸作戦を実施することになった。各国の輸送機を用いて、1万2000回以上の輸送によって、約16万トンの食糧や医薬品を提供した。

このような人々に対する人道支援は、UNHCRと国連世界食糧計画（WFP: World Food Programme）や国連児童基金（UNICEF: United Nations Children's Fund）などの国連機関、それ以外の国際機関、各国政府、非政府組織、赤十字国際委員会（ICRC: International Comittee of the Red Cross）や各国赤十字社・赤新月社との協力によって実施されるようになった。人道支援にクラスター・アプローチ（分野別のグループ・アプローチ）という方法が導入され、UNHCRは、保護、キャンプでの調整活動と運営、緊急シェルターの分野で主導機関となり、国連機関や非政府組織などとの間で人道支援のための協力と調整を行っている。

しかし、UNHCRの活動が拡大するにつれて、いくつかの問題も生じるようになってきた。U

国連難民高等弁務官事務所（UNHCR）　1950年12月に正式に設立され、1951年1月より活動を開始した国際連合の機関。難民、無国籍者、庇護申請者、帰還民に対する保護や援助を与え、今日では国内避難民などの被災者も救援の対象としている。

NHCRが武力紛争の直中で活動をするようになって、戦闘に巻き込まれる危険性が高まり、職員の安全性が課題になった。また、UNHCRの援助物資が横流しされて、本来届けられるべき人たちに物資が渡らないという問題も指摘された。たとえば、ルワンダ難民キャンプでは、武装したグループが援助物資を横流しし、反政府勢力が難民キャンプで徴兵活動をするなどの問題が生じることになった。

◆国連パレスチナ難民救済事業機関（UNRWA）

UNRWA（United Nations Relief and Works Agency for Palestine Refugees in the Near East）は、UNHCRが保護の対象としていないパレスチナ難民を保護の対象としている。UNRWAの活動地域は、パレスチナ難民が避難しているレバノン、シリア、ヨルダン、ヨルダン川西岸、ガザ地区に限定されている。UNRWAは、パレスチナ難民に対して、難民キャンプにおける緊急支援、学校などの教育支援、医療支援などの事業を行っている。

3　難民の問題を解決するためには

このようにUNHCRやUNRWAは、難民の支援を実施しているが、どのようにしたら難民の問題を解決したと言えるであろうか。その方法としてUNHCRが提案しているのが、「自主帰還」「庇護国社会への統合」「第三国定住」の三つの方法である。

自主帰還とは、難民が自らの意志と判断に基づいて、安全になった出身国に戻ることを意味する。

パレスチナ難民　中東のパレスチナの地に、1948年にイスラエルというユダヤ人国家が誕生し、イスラエル領域内に住んでいたアラブ人を中心とするパレスチナ人が隣国などに避難した。それが、パレスチナ難民である。難民やその子孫を含めて、パレスチナへの帰還を求めているが実現していない。

難民が自らの判断ではなく、他人からの命令などで帰還を強要されてしまえば、難民の安全が脅かされるおそれがある。難民が安全に帰還するためには、出身国が安全でなければならない。難民が再び迫害を受けるおそれがある場合、出身国が依然として武力紛争で不安定な政治状況にある場合や、地雷などで安全が脅かされる場合などは、人々の帰還は解決の選択肢とはならない。最近は、多くの難民がUNHCRの支援を受けて自主帰還をしているが、そのような問題がない状況で帰還することが強く求められている。

庇護国社会への統合とは、庇護国の難民認定を受けた難民が庇護国に定住し、庇護国の社会に溶け込むことを意味する。出身国での迫害のおそれがある場合や、出身国の政治的な不安定が継続している場合には、自主帰還は現実的ではない。すでに、庇護国で長年過ごして、庇護国から永住権や帰化が認められている場合、庇護国からの支援を受けなくても家計を営むことができる場合、自らの文化を捨てることなく地域社会に参加できる場合には、庇護国社会への統合が最終的解決になりうる。

第三国定住は、自主帰還も庇護国社会への統合も困難な場合にとられる選択肢である。難民が自主的な判断に基づいて、庇護国以外の第三国への再定住を求めた場合に、UNHCRは、そのような庇護申請者に対する支援を実施する。そのような庇護申請者に対して、アメリカ、オーストラリア、カナダ、北欧諸国などが数多くの難民を受け入れている。しかし、出身国と定住国は、文化も言語も異なる場合が多いので、難民が定住国に溶け込むための取り組みが必要になってくる。たとえば、政府や非政府組織による教育や就労のためのプログラム、言語や職業などの訓練、生活・文化オリエンテーションなどが挙げられる。

おわりに

難民は、難民条約やその議定書に規定された難民を意味していたが、その難民の基準を超えて、武力紛争や人権侵害から逃れた難民にまで支援の対象が広がってきた。最近では、従来の難民だけでなく国内避難民などの援助を必要とする人々にまで支援の対象が拡大している。そのような人々に対して自主帰還、庇護国社会への統合、第三国定住という解決策が用意されているが、その際に強く求められるのが自主性である。このような人々の自主性を無視して移動を強要することは、移動の強制にあたり、容認することはできないからである。

◎参考文献――さらなる学習に向けて

・小泉康一（2009）『グローバリゼーションと国際強制移動』勁草書房
・小泉康一（2015）『グローバル時代の難民』ナカニシヤ出版
・国連難民高等弁務官事務所（UNHCR）（2001）『世界難民白書2000――人道行動の50年史』時事通信社
・中山裕美（2014）『難民問題のグローバル・ガバナンス』東信堂
・ハサウェイ、ジェームス・C著、平野裕二・鈴木雅子訳（2008）『難民の地位に関する法』現代人文社

●ディスカッション・タイム●

①国家によっては、ノン・ルフールマン原則に違反して、庇護希望者を追い返すことが多発している。このような原則に違反する国家に対して、国際社会はどのように対応したらよいだろうか。それについて議論してみよう。

②庇護申請者が日本への第三国定住を希望している場合に、日本はより厳しい難民の認定基準を採用したほうがよいのか。それとも、より緩やかな難民の認定基準を用いたほうがよいのか、議論してみよう。

第13章　私はどこに属しているの？
――無国籍に対する国際的取り組み

新垣　修

はじめに

どの国家からも国民と見なされない者、国家と法的に結びつくための絆をもたない者。国連難民高等弁務官事務所（UNHCR）によると、このような人々――無国籍者――は、世界に推計1000万人以上いる。彼らは、「非‐人間化」の危機にさらされることもある（Box 1）。無国籍を生み出す原因として、国籍法への抵触や領土を含む領域の変更・移譲、政府による国籍の恣意的な剝奪、出生登録制度の不備などが指摘されている。なかでも、民族やジェンダーなどに基づく差別が、多くの無国籍者を生み出している（Box 2）。

本章の目的は、無国籍に関する国際的取り組みを素描することである。その方法として、条約の枠組み・内容とアクターの活動を紹介する。条約については、「無国籍者の地位に関する条約」（以下、地位条約）と「無国籍の削減に関する条約」（以下、削減条約）の概要を説明したい（以下、二つの条約を合わせて無国籍条約）。無国籍条約を遵守することを約束した国家（締約国）は、そのルールに従って判断し行動しなければならない。国家の判断・行動を一定の範囲で統制するのだから、無国籍に対する国際的取り組みを知るうえでこれらの条約の理解は欠かせない。またアクターについては、UNHCRの活動の一端に触れる。国連機関として無国籍に関する責任を担い、その活動が顕著だからである。

1　無国籍者の地位に関する条約

地位条約の話から始めよう。この条約の役割は無国籍者の存在を確認し、彼らを無国籍者として保護することである。地位条約の内容に立ち入る前に、この作成の経緯について触れておく。第二次世界大戦後、国際社会が検討を急いだ課題の一つは、自分の国を離れ、どの国家からも保護を得られない難民や無国籍者への対応であった。法的枠組みが国連で審議され、1950年、難民条約案とその議定書に位置づけられていた無国籍者に関する議定書案が起草された。このとき、緊急に対応すべきは「難民問題」であるとの意見が多数を占めることとなった。そこで、条約の対象を難民とし、これで網羅されない無国籍者を追加的な議定書で扱う予定となった。

難民と無国籍者を一つの法的枠組みで扱うという試みのもと、1951年の外交会議ではまず「難民の地位に関する条約」（以下、難民条約）が採択された。ところが、予定されていた無国籍者議定書案の審議については時間切れとなり採択は見送られた。そこで1954年に全権特別会議が開かれたのだが、当初の議定書案はそこで破棄され、無国籍者については別

Box 1　クウェートのビドゥーン

ビドゥーンはクウェートを中心にアラビア半島にいる遊牧民。「ビドゥーン」（bidun/bidoon）という用語自体は「～をもたないで」という状態を表すアラビア語だが、クウェートでは10万人以上の無国籍の住民を指して用いられている。彼らは、法的地位や身分証明書類の発給、就労、保健医療、結婚や旅行などで差別を受け、困難を強いられている。

> 「ビドゥーンのAは、無償教育、保健医療その他の社会的利益へのアクセスを否定され、就労の機会は閉ざされ、運転免許証を含む基本的・公的書類の発給を拒まれた……。……結婚して自分の家族を自立的に養うという意味での、ごく普通の生活を営むあらゆる展望が遠のいた。……彼に向けられた過去の差別的手段……は、効果的に、彼を非－人間化した」（ある国家の難民認定手続の文書より）

出典：新垣（2015）

条約が新たに採択されることとなった。これが、1960年に発効した地位条約である。このように、地位条約は難民条約から分岐し、別個の法的枠組みをもつことになった。

地位条約の内容を見ると、まず**無国籍者**を定義している。これによると、「いずれの国家によってもその法の運用において、国民とみなされない者」(第1条第1項)が無国籍者である。その無国籍者の存在を具体的に確認(認定)するのは締約国である。ところが、地位条約は認定の具体的方法や制度のあり方を示していない。そのため実際上、締約国の法制などにそれが任されている。そこで、この条約の締約国内で、ある者が「私は無国籍者なのだから条約上の権利を認めてほしい」と主張したとしよう。その場合、締約国は自国の手続きに従って、その者が無国籍者なのかを判断しなければならない。

ただ、定義を解釈し、無国籍者であることを確認する行為は、無国籍者の地位の認定を求める者(申請者)と、それを求められる締約国双方にとって簡単なことではない。たとえば、無国籍者の定義のなかには、「その法の運用において」という表現がある。ここでの「法」とは法律だけを指すのか、あるいは政令なども含む広い意味なのか。また、「法」(たとえば国籍法)の条文によれば申請者にその国家の国籍が認められるはずなのに、行政府が実際そのように実行していない場合、「その法の運用において」国民と見なされているのか。

さて、地位条約上の無国籍者の定義に該当し、かつ**除外条項**に該当しない者に保障される自由や権利は何か。条約に列挙された自由・権利は多くないが、

Box 2 母親の国籍を受け継げない無国籍者

Bはヨルダン在住の若い無国籍女性である。彼女の母親はヨルダン人、父親はエジプト人。両親の結婚は公式に記録されておらず、Bが幼い頃に父親は家を出たので、父親の国籍を受け継ぐことはできない。Bの出生はエジプトのヨルダン大使館に登録されておらず、母親がヨルダン国籍をBに受け継がせることもできない。無国籍者であるため、Bはこれまで差別に苦しんできた。

「私は絶対に外国人とは結婚しないわ。相手はヨルダン人でなければ。私の苦しみを自分の子どもたちに味わってほしくないから。分かるかしら？私の子どもたちはこの国の子どもたちであってほしいの……。」

出典：Women's Refugee Commission (2013) *Our Motherland, Our Country Gender Discrimination and Statelessness in the Middle East and North Africa*

基本的なものが含まれる。宗教の自由（第4条）、著作権の保護（第14条）、裁判を受ける権利（第16条）、賃金を得られる雇用に従事する権利（第17条）、公の教育（第22条）、移動の自由（第26条）、追放からの保護（第31条）などである。

地位条約が難民条約から分岐したという歴史的な事情もあって、両者に列挙された権利はとても似通っている。ただ、難民条約には含まれるが地位条約には含まれていない規定もある。ノン・ルフールマン原則（難民条約第33条）がその一つである。他方、無国籍者の現実に則した定めもある。たとえば、旅行証明書の発給を定めた第28条と発給国への再入国を保障する付属書第13項である。無国籍者には旅行証明書がないため、正規に国境を越えることができないことがある。国境管理をかいくぐるために密入国斡旋業者などに頼ると、人身取引の危険にさらされる。有国籍者に発給される旅券の代用となる旅行証明書は、それだけ大切な書面なのである（Box 3）。

2　無国籍の削減に関する条約

もう一つの無国籍条約が削減条約である。地位条約が無国籍者の存在を前提とした保護を主眼に置くのに対し、削減条約の目的は無国籍の削減を図ることにある。つまり、将来の無国籍の発生を防止することで、その削減を達成しようというのである。削減条約の成立の経緯についても簡潔に触れておこう。この条約も第二次世界大戦後に作成されたが、それは国連国際法委員会の主導で始まった。同委員会の求めに応じ、「将来の無国籍の撤廃に関する条約」案と「将来の無国籍の削減に関する条約」案が作成された。これをたたき台に二つの条約案が国連総会に提出され、１９５９

「法律上の」無国籍者と「事実上の」無国籍者　地位条約第１条第１項における定義を「法律上の」（*de jure*）無国籍者と呼び、その対比で「事実上の」（*de facto*）無国籍者という概念が使われる。これは、国籍がたとえ形式上あっても、国籍国による実効的保護を得られない状態にある者のことを指す。条約起草者たちは、「事実上の」無国籍者がすべて難民であると推定していたので、この無国籍者の概念を採用しなかった。しかし、「事実上の」無国籍者が必ずしも難民に該当するわけではない。

年の全権国際会議で審議された。そこで各国政府代表が選択したのは「将来の無国籍の削減に関する条約」であった。その後、この案を下地に条約諸規定の作成が進められ、1961年に削減条約が採択されたのである。

削減条約がその目的から最重視するのが、出生時に無国籍発生を防止するための方策、すなわち、出生時の国籍取得である。これは第1条から第4条に記されている。第1条第1項は、締約国の領土を含む領域内で出生しその国家の国籍が与えられなければ無国籍になる場合、その国家の国籍が与えられることを定めている。これは、生来的無国籍（出生時からの無国籍）の発生を出生地主義（出生した国家の国籍が与えられる国籍取得方法）で防止するためである。第2条は棄児（遺棄されているのを領域内で発見された子ども）の国籍についてである。そして、出生地主義の原則で対応できない事態を補完するのが第4条である。締約国の領域の外で生まれその子がそのままでは無国籍になる場合、血統主義（親のどちらかの国籍がその子の国籍となる国籍取得方法）に基づいて国籍が与えられる。

削減条約は、後発的無国籍（出生後に生ずる無国籍）の防止にも注意を払う。第5条第1項は、外国人との関係に基づく身分の変更という後発的事実によって生じる無国籍の防止を図るものである。また第7条第1項aは、自発的行為としての国籍離脱が国内法上認められていても、他国の国籍取得がなければ国籍喪失は生じないという原則の表明である。この第2項では、外国への帰化を望む国民であっても、他国の国籍取得の保証がなければ国籍を喪失しないことが示されている。

後発的無国籍の防止において注視したいのは、国籍剥奪の禁止について定めた第8条である。これによれば、国籍を剥奪すれば無国籍となる者の国籍剥奪を原則禁止する（第1項）。ただし本条は、国籍剥奪が許容される例外事項を列挙している。たとえば、国籍が虚偽の表示または詐欺によ

除外条項　たとえ地位条約第1条第1項に該当する無国籍者であっても、条約上の保護や権利が保障されない場合がある。これを定めた第1条第2項を除外条項という。この条項の対象となるのは、UNHCR 以外の国連機関の保護などを受けている者や、平和に対する罪・人道に対する罪を犯した者などである。

って取得された場合は、国籍剥奪が認められる（第2項b）。また締約国は署名・批准・加入時に、その時点での国内法に存在する国籍剥奪の権利の理由を明らかにしていれば、ある者が国家の重大な国益を深刻に害するような行為をとったなどの場合、その者の国籍を剥奪することができる（第3項a）。

その他の規定では、第9条が差別に基づく国籍剥奪を禁止している。これは、人種差別的な国籍法によって国籍剥奪が行われてきた歴史を反映している。領域の移譲が無国籍化の主な原因の一つであったことから、第10条は、締約国間の領域の移譲を規定する条約において、移譲の結果、いかなる個人も無国籍とならないような保障を含むべきとの原則を定めている。

3　UNHCRの役割と活動

国連機関で無国籍に関する主要な役割を担っているアクターがUNHCRである。UNHCRはその設立当初から無国籍者に対し一定の責任を負っていたが、対象は難民である無国籍者に限られていた。しかしその後、無国籍にかかわるUNHCRの役割は拡大している。その根拠は条約と国連総会決議、UNHCR執行委員会の結論にあり、UNHCRの活動を支える基礎となっている。

まず、削減条約第11条は、条約の利益を主張する者の請求を審査し、管轄省庁にそれを提出するための援助を行う組織を国連機関内に設置することを予定している。この条約が発効した1975年、国連総会は、UNHCRがこの役割を担うよう求めた。その後、UNHC

Box 3　私はどこに属しているの？

「ある日、私は国境と国境の間に立っていて、どちらの国にも入ることができませんでした。それは私の人生で最も忘れがたい経験でした。自分がいたことのある国にも入れず、また、自分が生まれ育ち暮らした国にも入れなかったのです。私は一体どこに属しているのだろう？　そのとき空港で感じたあの強烈な喪失感を、いまだに忘れることができません。」

出典：UNHCR（2009）

Rが無国籍への関与をいっそう深めたのには、冷戦終結以降の現象、すなわち、旧ソビエト連邦やチェコスロバキア、旧ユーゴスラビアの崩壊と新国家の再編という背景があった。国籍を新たに必要とする人々が急増したため、国際社会の関心が無国籍に向かったのである。そこで国連総会は1990年代半ば以降、無国籍に関連する決議を採択している。それは、無国籍を世界規模で防止・削減する任務のみならず、無国籍者の権利を保護する任務をUNHCRに正式に与えるものであった。さらに2000年代に入ると、UNHCR執行委員会の一連の結論を通じ、UNHCRの活動は次の4点に集約されるようになった。

まず第一点は「把握」である。これは、無国籍者の数や無国籍発生の原因、無国籍者の人物像、彼らの抱える問題について情報を収集することである。UNHCRは、各国政府とともに無国籍者の登録を行い、現地調査を通じて無国籍者数を特定するなどの活動に取り組んでいる。第二点は「防止」である。これには、無国籍の発生原因に対処し、削減条約への加入を各国に促す活動が含まれる。またUNHCRは、国籍法を調査するなど各国と共同作業を実施している。第三点が「削減」である。これは、無国籍者が国籍を得られるような法改正などの支援や、その恩恵を無国籍者が実際に得られるための支援を意味する。なお、無国籍者が国籍を得る具体的な方法の一つが帰化である。最後に「保護」であるが、これは無国籍者を特定して文字どおり保護し、彼らが権利を行使できるよう支援することである。UNHCRの主な保護活動は、各国に地位条約加入を促すことなどである。

さて、無国籍の課題に関する活動を展開してきたUNHCRは、地位条約採択60周年にあたる2014年、"I Belong"というキャンペーンを開始した。これは2024年までの10年間で無国籍をなくそうという試みで、無国籍の歴史に終止符を打とうとする果敢な挑戦である。これを達成するため、「地球規模の行動計画」が用意されている。そこには、既存の深刻な無国籍状態を解消し、新たな無国籍の発生を防止するとともに、無国籍者を把握し保護することが目標に定められている。さらに、10の行動についての指導的枠組みも設定されている（Box 4）。

無国籍の状況などは国家により異なるので、UNHCRは各国がこのうち一つ以上の行動をとるよう奨励している。また、これらの行動を国家が達成できるよう、UNHCR以外の国連機関や市民社会、無国籍者自身にも、諸国を支援するための役割があることも記されている。

おわりに

本章では、無国籍に対する国際的対応として、条約の枠組み・内容やUNHCRの役割・活動の概要を紹介した。無国籍に関する議論は当然ながらこれに限定されない。たとえば、国際人権文書中に散見される国籍関連の規定（Box 5）などを含め、「国籍に対する権利」という概念が語られることがある。他方、一部の先進工業国では、IS（イスラム国）やイスラム系過激派にかかわりのある自国民の国籍を剝奪しようとする動きがある。これなどは、国際政治学や安全保障論の観点から語られる無国籍の課題である。無国籍について語ること。それは、ダイナミックに変貌する世界の

Box 4　地球規模の行動計画：無国籍を終わらせるための10の行動

行動1：既存の深刻な無国籍状態を解消する
行動2：生まれる子どもが無国籍とならないことを確実にする
行動3：国籍法からジェンダーによる差別を取り除く
行動4：差別的根拠に基づく国籍の否定・喪失・剝奪を防止する
行動5：国家承継（複数の国家の合併や一つの国家の複数国家への分裂などで一定の地域を統治する国家が変更した場合、旧統治国の権利・義務が新統治国に移ること）の場合の無国籍を防止する
行動6：無国籍である移民に保護の地位を与え、彼らの帰化を促進する
行動7：無国籍の防止のために出生登録を確実にする
行動8：国籍証明書を有資格者に発行する
行動9：無国籍条約に加入する
行動10：無国籍者の人口に関する量的・質的データを改善する

出典：UNHCR（2014）*Global Action Plan to End Statelessness: 2014-2024*

さまざまな側面について語ることなのかもしれない。

◎参考文献――さらなる学習に向けて

・新垣修（２０１５）『無国籍条約と日本の国内法――その接点と隔たり』ＵＮＨＣＲ http://www.unhcr.or.jp/html/protect/pdf/Statelessness_Conventions_and_Japanese_Law.pdf
・陳天璽（２０１１）『無国籍』新潮社
・ＵＮＨＣＲ（２００９）『国籍と無国籍――議員のためのハンドブック』 http://www.ipu.org/PDF/publications/nationality_jp.pdf

※本章は、日本学術振興会科学研究費助成「無国籍者への国際的対応：難民レジームからの理論的・実践的研究」（基盤研究Ｃ・研究課題番号：２６３８０２１４）の成果の一部である。

●ディスカッション・タイム●

①あなたは、ある日突然、国籍を失った。あなたの日常がどう変わるか想像してみよう。
②無国籍者の支援や無国籍の防止・削減に関し、市民社会のアクター（ＮＧＯなど）がどのような活動を行っているか調べてみよう。

Box 5　国際人権文書における国籍に関する規定の一部

1948年「世界人権宣言」第15条：すべて人は国籍への権利を有する
1965年「あらゆる形態の人種差別の撤廃に関する国際条約」第５条：国籍についての権利
1966年「市民的及び政治的権利に関する国際規約」第24条：すべての子どもが国籍を取得する権利
1979年「女性に対するあらゆる形態の差別の撤廃に関する条約」第９条：国籍の取得、変更及び保持に関する男性と平等の権利
1989年「子どもの権利に関する条約」第７条：子どもが国籍を取得する権利

第4部　21世紀をグローバルに考える

第14章　途上国では、いま何が起きているのか
――ソマリアの事例から

杉木　明子

「君は、わかっていない。ホーム（故郷）と呼べる所があるのがどんなに恵まれているかを。自分はどこでもホームレスだった。ソマリアでも、ケニアでも。」

「カナダは自分に新しい人生をくれた。努力すれば報われることを教えてくれた。いまは自分を支援してくれた人たちに恩返しできることがうれしい。」

はじめに

前記の言葉は元ソマリア難民で、カナダ人となったHが筆者に語った言葉である。Hはゴーシャと呼ばれるバンツー系ソマリア人で、１９９０年代はじめ、幼少時に両親を殺害されて**国内避難民**となり、ケニアへ移って難民となり、第三国定住計画によってカナダへ移動し、弁護士になった。Hのように紛争、迫害、あるいは災害などから逃れるために移動を余儀なくされた国内避難民、庇護希望者、難民などの強制移動民は、国連難民高等弁務官事務所（ＵＮＨＣＲ）によると、２０１４年末で約５９５０万人に及び、その約８割以上は開発途上国に住んでいる。はじめに避難

国内避難民　武力紛争、暴力、人権侵害もしくは自然または人為的災害の結果として、あるいはこれらの影響を避けるため、自らの住居もしくは常居所地から逃れ、もしくは離れることを強いられまたは余儀なくされた者、またはこれらの者の集団であって、国際的に承認された国境を越えていない人。

した場所で安心して暮らせないために、第二次、第三次移動を繰り返す人も多い。

これまで国際社会は強制移動民を保護するためにさまざまな制度を構築してきた。しかし、すべての強制移動民が国際的な保護対象ではなく、保護対象であっても、十分な支援が提供されていない場合がある。たとえば、国内避難民は、1951年国際難民条約、1967年同議定書では国際的な保護の対象でなく、国際社会からの支援は限定的であった。1990年代以降、国内避難民の保護に関する取り組みが本格的に始まり、1998年に「国内避難に関する指針原則」が策定され、2009年に**「アフリカにおける国内避難民の保護及び援助に関するアフリカ連合条約」**（以下、カンパラ条約）などの条約が採択されてきた。だが、国内避難民に難民と同等の権利を付与することには懐疑的な見解がある。2015年半ばの時点で世界の国内避難民は約3404万7716人で、世界の難民総数の約1509万7633人を大幅に上回るが、十分な支援が提供されていない。

本章ではソマリアの事例から、途上国に住む難民・国内避難民の状況や問題を明らかにしていきたい。

1　ソマリ社会とソマリアにおける紛争

1960年6月29日に英領ソマリランド、1960年7月1日にイタリア領ソマリランドが独立し、両地域が合併してソマリア共和国（以下、ソマリア）が誕生した。ソマリアの総人口の90％以上を占めるのは、言語、文化などを共有するソマリと言われる民族である。ソマリ社会は、父系制の血縁関係に基づく**クラン（氏族）**が人々の生活の基盤である。ラハンウェイン、イサック、ハウ

「アフリカにおける国内避難民の保護及び援助に関するアフリカ連合条約」（カンパラ条約）　2009年10月22日にウガンダの首都カンパラで開催されたアフリカ連合特別サミットで採択され、2012年12月6日に発効。同条約はアフリカにおける国内強制移動の原因を防止、または緩和することと、国内避難民に対する保護と援助を行うことを目的としている。なお、この条約では国内避難民の保護と援助に関して、国家だけでなく、武装集団、非国家主体の義務や責任にも言及している。

ィヤ、ダロッド、ディルが主要5クラン・ファミリーで、さらにサブ・クランや、日常生活の単位で、連帯責任と相互扶助の義務を有するディヤ（diya）などの下位集団がある。またソマリアには19世紀以降に主に東アフリカから奴隷として連れてこられたバンツー系のアフリカ人の子孫であるゴーシャなども住んでいる。農業に従事するゴーシャは、遊牧民を中心とするソマリ社会では階層的に劣位に置かれている。

ソマリアでは、１９６９年にクーデターによって政権を掌握したシアド・バーレ政権に対する武力闘争が１９８０年代半ばから始まった。１９９１年にバーレ政権が崩壊した後、ソマリアには全土を一元的に実効支配する中央政府は存在していない。１９９１年に旧英領ソマリランドであった北西部では「ソマリランド共和国」が独立を宣言した。ソマリランド共和国政府（以下、ソマリランド政府）は司法・行政機能を有し、北西部を統治している。１９９８年、北東部のプントランドでは自治政府（以下、プントランド自治政府）が樹立された。このように、現在のソマリアは事実上三つの地域（北西部、北東部、中・南部）に分かれている。２００５年に発足した暫定連邦政府（TFG: Transitional Federal Government）、および２０１２年に成立した連邦政府（SFG: Somali Federal Government）は国際社会から「合法的な政府」と見なされてきたが、ＳＦＧが統治しているのは中・南部の一部にすぎない。

ソマリアにおける強制移動のパターンは中・南部の政治情勢に連動している。１９９１年以降、中・南部では武装組織、民兵、軍閥などの間で戦闘が激化し、１９９２年に大規模な干ばつが発生したため、同年には約２００万人が国内避難民になり、約78万人が近隣諸国で難民になった。１９９２年以降、ソマリアへ派遣された国連の平和維持軍やアメリカ主導の多国籍軍は紛争を解決できなかった。しかし、１９９５年に第二次国連ソマリア・ミッションが撤退すると、紛争はロー

クラン（氏族）　ソマリ社会の父系制による血縁関係に基づく人間集団。さらにクランの下位集団は、サブ・クランと呼ばれる。たとえばイサックのサブ・クランには、ハバルアルワファル、ハバルジャロ、ハバルヨニスがある。

カル化し、戦闘は続いたものの一定の統制が保たれた。１９９５年から２００６年までの時期は難民・国内避難民の数はあまり変動していない。同時に避難先で長期滞留する状態が続くこととなった。

しかし、２００６年に一般市民から支持を得ていたイスラーム法廷連合（UIC: Union of Islamic Courts）の支配がアメリカの支援を受けたエチオピア軍の攻撃で終わると、中・南部の治安は著しく悪化し、再び国内避難民・難民が大量に発生した。ＵＩＣの分派で急進的なイスラーム主義を掲げる武装組織、アル・シャバーブ（Al-Shabaab）が南部で勢力を拡大すると、国内避難民の数は3倍以上に増えた。さらに２０１０年に過去50年間で最もひどい干ばつが発生し、アル・シャバーブは国外からの人道援助を拒否したために、多くの人々が近隣諸国へ移動した。

2　ソマリアにおける国内避難民問題

◆国内避難民の状況

ソマリアでは２００４年の国内避難民は約４万人であったのに対し、２０１５年半ばの時点で約１１３万３０００人に増え、国内避難民の状況は悪化している。国内避難民の大半は、安全を確保する

図表14-1　ソマリア地図

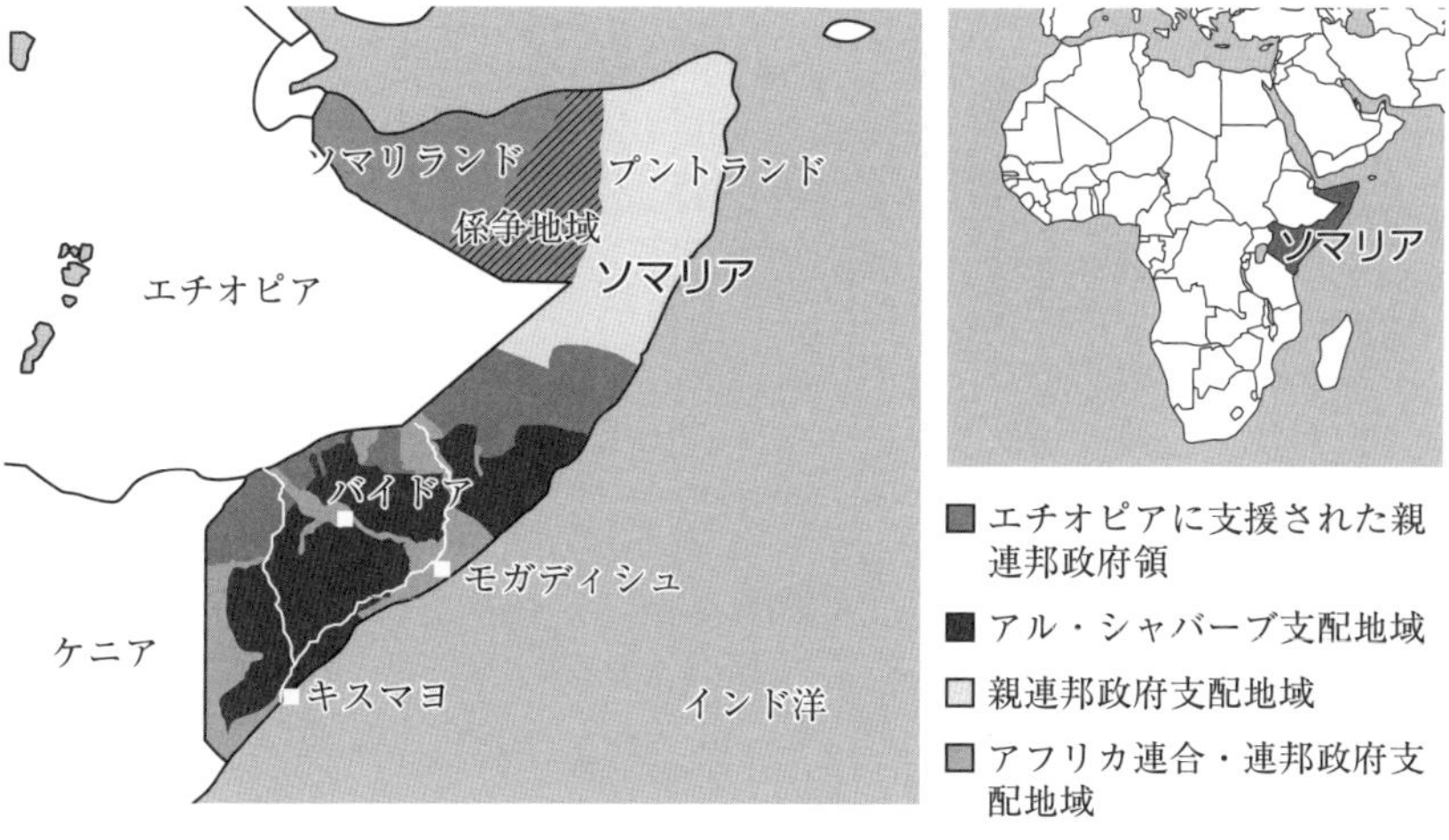

ことができず、基本的な権利が侵害された生活を送っている。国内避難民キャンプも安全な場所ではなく、武装組織や民兵だけでなく、本来住民を保護する役割を担う国内避難民キャンプの管理者、ソマリア政府軍やアフリカ連合ソマリア・ミッション（AMISOM：Africa Union Mission in Somalia）の兵士などが人権侵害に加担している。人権侵害の加害者が処罰されることは稀である。また慢性的な資金不足に加え、人道支援物資の略奪や横領が横行し、国内避難民が人間らしく暮らしていくために最低限、かつ基本的に必要とされるベーシック・ヒューマン・ニーズ（ＢＨＮ）と呼ばれる安全な水、食料、保健・衛生、教育が充足されていない。栄養不良やコレラなどの感染症が蔓延しており、モガディシュの5歳未満の国内避難民の死亡率は全体の6倍以上である。

ソマリアでは国内避難民だけでなく、一般市民も厳しい生活を余儀なくされているが、国内避難民の場合、親族や同じクランのメンバーからの支援を得られず、現地社会への統合が難しく、社会的セーフティネットがないため、より脆弱な立場に置かれている。

◆国内避難民問題の恒久的解決が実現しないのはなぜか

ソマリアでは国内避難民の多くが中・南部出身者である。２０１2年以降、中・南部の治安は徐々に回復しているが、爆発事件、襲撃事件、戦闘がたびたび発生し、安住できる場所ではない。

国内の比較的安全な場所へ移動しても、国内避難民が現地社会に統合されることは難しい。通常、ソマリ人が移動する場合、庇護と支援を得るためにクランの伝統的ホームランドとされる地域へ移動することが多い。他のクランと姻戚関係を結ぶことにより、地域社会へ統合されるケースもある。だが長年の紛争と伝統社会の崩壊により、従来の相互扶助が機能しない状態になっている。また少数派のクランに属する場合は、同系のクランからの支援を受けることが難しい。

２０１２年９月にＳＦＧの大統領に就任したハッサンは、国内避難民問題に積極的に取り組む姿勢を示し、カンパラ条約に署名した。２０１４年12月には内務・連邦省内に難民・国内避難民局が設けられ、２０１６年２月に議会で難民・国内避難民に関する法案が採択された。しかし、ＳＦＧの統治能力が脆弱であるうえに政府内での国内避難民の政策をめぐり対立が起こっていることや、治安状態が依然として流動的なうえに人的、物的資源が欠如している。さらにモガディシュや都市、およびその近郊では不動産投資ブームが起き、土地や不動産価格が高騰している。その結果、不法に居住していた国内避難民が強制的に退去させられ、ホームレスになるケースが増えている。

ソマリランドでは１９９１年以降、ソマリランド政府は、「ソマリランド人化」を進めてきた。２００１年ソマリランド憲法、２００２年市民権法では、ソマリランド市民権の所持者は、英領ソマリランドが１９６０年に独立する以前に合法的にソマリランド市民として居住していた父親の子孫であると定められている。日常的には、ソマリランドに伝統的に居住していたクラン、または少数集団と血縁関係にある人がソマリランド人と見なされている。ソマリランドの主流派クランはイサックである。中・南部から避難してきた人たちの大半はハウィヤ、ラハンウェイン、または少数派のクランに属している。そのためソマリランドでは中・南部出身者は「外国人」または「難民」と見なされている。

このような法的問題はあるものの、ソマリランドでは比較的寛容に中・南部からの強制移動民を受け入れてきた。ソマリランド憲法では国際的な人権保護を遵守することが記載され、憲法第35条には難民の保護が明記されている。さらにソマリランド政府は、国内避難民、帰還民、移民問題を扱う「再定住・復興・再建省」を設立し、２０１４年に国内避難民政策の草案を起草している。

しかし現実には、２００６年以降、中・南部からの強制移動民が増加し、２００８年にハルゲイサにある大統領公邸、UNDP（国連開発計画）事務所、エチオピア領事館でアル・シャバーブが行ったとされる爆弾事件が起きると、中・南部出身者に対する不信感が高まり、地元民と「移民」（中・南部およびエチオピアからの移民と難民）の関係が悪化し、中・南部出身者に対する恣意的な逮捕や襲撃が増え、彼らの統合が難しい状況になっている。

北東部のプントランド自治政府は中・南部からの強制移動民を国内避難民と見なしている。2012年プントランド憲法では、プントランド人の親をもつ子ども、もしくはプントランドで誕生した人にプントランド市民権を付与すると記載している。また自治政府が定めた国内避難民ガイドラインには、国内避難民はプントランド市民と同等の権利をもつことが明記されている。しかし、プントランドの主流派クランはダロッドであり、ダロッドに属する中・南部出身者はおおむね現地社会に受け入れられているが、ラハンウェイン、ハウィヤ、また他の少数グループはプントランド社会から疎外されている。さらに近年、犯罪やアル・シャバーブが関与したとされる襲撃事件の増加から、中・南部出身者に対する不信感が高まり、地元民による国内避難民居住地への襲撃事件が発生している。2011年にプントランド自治政府は、「真の国内避難民」と犯罪者や武装勢力のメンバーとを区別するために、中・南部出身の国内避難民にIDカードを発行すると発表した。この計画は国際社会からの支持が得られずに実施されなかった。しかし、これらの事象は国内避難民が現地社会へ統合する難しさを物語っている。

3　ケニアにおけるソマリア難民の状況

多くのソマリア難民は近隣諸国（主にケニア、エチオピア、ジブチ、イエメン、ウガンダ、タンザニアなど）に住んでいるが、本節では、ソマリア難民が最も多く滞在しているケニアの状況を見ていこう。UNHCRの統計では、2016年3月31日の時点でアフリカ角地域で登録されているソマリア難民97万8007人のうち、ケニアには41万5849人が居住している。1990年代はじめにケニア政府は寛大な難民政策を転換し、難民の基本的権利を制限する難民隔離政策を開始した。2016年3月末の時点で、ソマリア難民のうち約92％がダダーブか、カクマの難民キャンプに居住させられている。

ケニアでは2006年難民法で難民の就労を禁止し、移動の自由を制限するなど難民の基本的な権利を否定しており、警察や軍などによる恣意的な逮捕や拘禁、難民に対する人権侵害が続いている。しかし、これらの加害者が処罰されることは稀である。ソマリア難民がケニア国籍を取得することはほぼ不可能で、ケニア社会ではソマリア難民やソマリ系住民に対する偏見や差別が強い。

ケニア政府は治安上の理由から、ノン・ルフールマン原則に反して、ソマリアからの庇護希望者の入国を阻止するために国境を閉鎖し、ソマリア難民を帰還させる政策を推進した。2013年11月、ケニア政府はSFG、UNHCRと難民の自発的帰還に関する三者協定を結んでいる。AMISOMやSFGは、難民の帰還は時期尚早として延期を要請したが、2014年12月からケニア政府はソマリア難民の帰還を促進している。多くのソマリア難民はソマリアへの帰還を躊躇しているが、ケニア社会への統合は難しく、ソマリア難民の長期的な滞留が続いている。

おわりに

近年、シリアなどの中東や北アフリカ諸国から地中海を越え、西欧などの先進国へ移動しようとする人々の様子が頻繁にマスメディアで報道されている。だが、実際には開発途上国にとどまり、居住を続ける難民・国内避難民の数のほうがはるかに多い。また移動せざるをえない状況であるにもかかわらず、病気や移動手段がないために移動できない脆弱な人々もいる。しかし、決死の覚悟で逃げても、新たな避難先が安住の場所でない場合も多く、多くの強制移動民は希望も将来の選択肢もないまま、避難先で滞留している。現状に失望した若者達のなかには過激思想に感化されて武装勢力のメンバーになったり、生きるために犯罪組織に参加する人もいる。これらの事態は、地域の紛争や治安を悪化させ、強制移動民を生み出す原因にもなっている。本章で見たソマリアの事例は、途上国に住む難民、国内避難民が直面する一例にすぎない。

このような状況に私たちはどう向き合っていけばよいのであろうか。ソマリアでの迫害から逃れたラップ歌手のケイナーン（K'NAAN）、モデル・女優として活躍したワリス・ディリー（Waris Dirie）、そして、冒頭のHのように機会と適切な支援が与えられれば、自らの運命を新しく切り開き、新たに社会へ貢献することができる人たちでもある。いま私たちに求められているのは、これらの人々に新たな希望と機会を与えるために何ができるのかを考え、寄り添い、行動することではないだろうか。

◎参考文献——さらなる学習に向けて

・遠藤貢（2015）『崩壊国家と国際安全保障——ソマリアにみる新たな国家像の誕生』有斐閣
・杉木明子（2012）「アフリカにおける難民保護と国際難民レジーム」川端正久・落合雄彦編著『アフリカと世界』晃洋書房
・杉木明子（2014）「長期滞留難民と国際社会の対応——アフリカの事例から」墓田桂・杉木明子・池田丈佑・小澤藍編著『難民・強制移動研究のフロンティア』現代人文社
・高野秀行（2013）『謎の独立国家ソマリランド——そして海賊国家プントランドと戦国南部ソマリア』本の雑誌社
・墓田桂（2015）『国内避難民の国際的保護——越境する人道行動の可能性と限界』勁草書房

●ディスカッション・タイム●

①ソマリアのように多くの途上国では、難民・国内避難民への人道支援物資が略奪・横領され、転売される問題が多発している。時にはこの人道支援物資が武装勢力の資金源の一つとなり、難民や国内避難民を兵士として徴募する手段として使われる。しかし、多くの国では治安が悪く、国際機関やNGOなどの職員も危険にさらされ、十分に支援物資の配給を管理できない。また、地元の有力者からの支持・協力をとりつけるために、やむをえず支援物資を本来の支援対象でない人へ提供することもある。このように理想と現実がかけ離れた環境で、国際機関や民間団体は難民・国内避難民などに、どのような支援を続けるべきであろうか。

②本章の事例のように、世界各地には国際的な支援を必要としている人々がいる。他方、日本にも失業や貧困等の理由から安心して暮らせる住居がない人たちや、災害などで避難をし、人道的な支援を必要としている人たちが多数いる。人的、物的資源が限られている現状のなかで、人道的支援をする場合、どのように優先順位をつけたらよいのだろうか。

③難民支援のための国際協力には、資金を提供する財政的負担分担と、難民を受け入れる物理的負担分担があると言われる。日本はこれまで多額の資金を提供し、財政的負担分担に貢献してきた。しかし物理的負担分担にはあまり関与してこなかったことから、第三国定住の枠組みを広げ、さらに難民の受け入れに寄与することが期待されている。このような要請に対してどう対応したらよいのだろうか。また私たち自身に何ができるのであろうか。

第15章　難民流入に対するＥＵの移民・難民政策

久保山　亮

はじめに

ＥＵ（欧州連合）は超国家的機関であるとはいえ、ＥＵの行政機関にあたる欧州委員会には政策決定権はない。しかし各分野の専門家官僚を多く抱える欧州委員会は、政策を立案し、各国の各分野の担当大臣の集まる閣僚理事会に勧告を出す。あるいは逆に閣僚理事会の依頼で政策を練り、閣僚理事会に政策案を提出する。欧州委員会は、各政策分野をそれぞれ担当する委員から構成されているので、彼らはいわばＥＵの各省大臣の役割を果たしている。移民・難民政策は、司法・内務領域の委員が担当している。

欧州委員会から勧告として出された「法案」は、閣僚理事会に諮られ、決定が下される。重要な決定は各国首脳が集う欧州理事会で決定される。閣僚理事会で可決された「法案」は、各国から選出された欧州議員からなる欧州議会の同意を経て、立法化される。ＥＵが立法化した法で拘束力のあるものには、直接各国政府の行動を制約する「規則（Regulation）」と、各国政府が国内法化する必要のある「指令（Direction）」がある。

1　移民・難民政策の「共同体化」はどこまで進んだか

本来、各国政府に主権がある公共政策を、ＥＵで共通政策として決め、「規則」や「指令」という形でＥＵが定めた法律に従って各国が執行することを、「共同体化」と言う。移民・難民政策での「共同体化」は、国境管理のように進んでいる分野もあれば、移民の統合政策のように、「共同体化」の対象から外されている分野もあるなど、「まだら模様」の様相を呈している。統合政策が共同体化の対象から外されているのは、人の社会統合では、そもそも、それぞれの国家の国民統合の理念とその歴史に違いがあり、ＥＵで統一した社会統合の理念や政策を打ち立てることが困難であるためである。

共同体化されたＥＵの法律として重要なものには、次のようなものがある。まず、共通の入国査証制度などを取り決め、ＥＵ域内をパスポートなしで自由に移動できるようにした「**シェンゲン・アキ**」と呼ばれる、ＥＵの「入国管理法」と言うべきものがある。次に、ヨーロッパ諸国に来る難民の庇護申請での決まりごとを定めた「ダブリン規則」がある。また、「**フロンテックス**」と呼ばれる、各国の国境警備に協力し、各国の国境警備部隊のコーディネイトを担当する機関が２００４年に設置されている。さらに、ＥＵは、「国境管理の外部化（externalization）」と呼ばれる政策を進め、ＥＵ域内への非合法な入国や難民の流入を阻止するために、ＥＵの近隣諸国との間に協力関係を構築してきた。

シェンゲン・アキ（Schengen Acquis）　もともと、ヨーロッパ各国の市場の壁を取り払う「単一市場化」の動きのなかで、物財だけでなく、人の移動も自由にしようという目的で、国境検問の廃止を目指す第１次シェンゲン協定が1985年に、共通の入国査証制度の導入や外部国境の管理強化を目的にした第２次シェンゲン協定が1990年に結ばれた。1997年のアムステルダム条約で、正式にEUの法体系として取り込まれ、「シェンゲン・アキ」と呼ばれている。

2　EUと難民――「要塞ヨーロッパ」の高い壁

◆難民たちはなぜ危険な航海をするのか

この数年、難民たちがヨーロッパへ渡ろうとして、地中海をボートで渡り密入国しようと試みるのを、何度もマスメディアを通じてご覧になったことだろう。なぜ彼らは、安全な飛行機やフェリーを使わず、危険を冒してボートで地中海を渡ろうとするのだろうか。EU加盟国は、シェンゲン・アキの一部である共通の入国査証の制度により、こうした難民の出身国をほぼすべて査証が必要な国として指定している。こうした国の国民は、ヨーロッパに短期間渡るだけでも、査証の取得が義務づけられている。渡航する国の大使館に、銀行の口座証明書や雇い主の推薦状などを提出して、長い手続きの末に査証を取得しなければならない。紛争や内戦、差し迫った身の危険から逃れてくる難民たちにとって査証を取得する時間的余裕などなく、パスポートも政府から発給してもらえない場合が多い。パスポートと査証がそろわなければ、航空・船舶会社は乗客を乗せてはならないというEUの「指令」があり、難民がヨーロッパ方面の飛行機やフェリーに乗ることはかなわない。EUは、紛争や内戦が起きている国でも、人権侵害の深刻な国であっても、この共通の査証対象国のリストから、これらの国を外すことはない。難民たちは危険な手段で地中海を渡る以外に、ヨーロッパで難民としての庇護申請を行う道はないのである。

◆締め出される難民たち――EUの難民政策の「外部化」とプッシュ・バック作戦

EU加盟国は密入国してくる難民の一部に対して、彼らの庇護の申請を受け付けることもしてき

フロンテックス（FRONTEX：欧州対外国境協力機関）　EUの機関であるが、独自の人員や装備はなく、加盟国政府から人員が出向し、装備を供与される形で運営されている。各国の国境警察の要員を組織してチームを作り、加盟国からの要請を受けて外部国境での国境警備を行い、難民流入への対拠や強制送還で協力するほか、EUと条約を結んでいるアルジェリアやチュニジアなどの近隣諸国の協力を得ながら、移民・難民の流入を監視し、彼らの行動を予測するリスク分析も行っている。

たが、ＥＵとしてはさまざまな手段で、難民たちがヨーロッパへ来る道を狭めようとしてきた。２００３年にイギリスのブレア首相が、翌年にドイツのシリー内相が、北アフリカなどのＥＵ域外の国に、難民庇護申請を受け付けるセンターを作ることを提案。センターで、難民をＥＵ域内へ入国させるか、出身国へ送り返すかを決めるようにしようと提案し、非難を浴びた。現実には、各国世論やＥＵ内部からの反対で実行されることはなかった。

ＥＵは、東欧、北アフリカ、地中海諸国に、経済援助と引き換えにＥＵとの国境管理への協力（ＥＵ近隣政策）や**再入国協定**の締結を押しつけるという、国境管理の「外部化」政策を推し進めてきた。ＥＵは、庇護申請を却下された難民や非合法移民を送還するために、再入国協定を、ＥＵの境界線に接する国々、さらには、彼らが通過する諸国、出身国と結んでいる。とくに、ＥＵは、難民たちが通過する北アフリカ諸国との間で、経済援助、国境管理への財政援助、軍事装備の援助などと引き換えに、非合法移民や通過移民を取り締まり、移民・難民の再入国協定を結ぶよう圧力をかけてきた。イタリアやスペインのようなＥＵ加盟国は単独で、これら諸国と協定を結んできた。モロッコとチュニジアは、２００３～04年にかけて、非合法移民への罰則を定めた新しい入国管理法を制定し、たびたび非合法移民を南側の国境の外に押し出して、彼らを飢えや乾きのなかで放置している。このＥＵの「外部化」政策が、アフリカ諸国や東欧諸国にもともと根づいていた自由移動の伝統を破壊してきたことはよく指摘されている。

リビアの旧カダフィ政権は、リビアを通過してイタリアなどへ向かう難民・移民を拘束して、国境の外へ追いやり、飢えや乾きのなかで放置するという形で追放していた。カダフィ政権崩壊後も、ＥＵは、リビアの国境警備に、船舶、ジープ、海洋警備に必要な装備、ヘリコプターなどを供与している。エジプトやチュニジア、アルジェリア、モロッコも、国境監視のためにそうした装備供与

再入国協定　難民庇護の申請を却下されながら国外退去に応じない難民や、逮捕された非合法移民を送還し、彼らを引き取ることを、彼らが通過した国や出身国に承諾してもらう協定。EUは、EUの近隣諸国や、難民や移民の通過国、送り出し国と再入国協定を結び、彼らをスムーズに送還できるようにしている。再入国協定を結んだ通過国は、引き取った難民・移民の再引き取りを求めて、さらに近隣諸国と再入国協定を結ぶ傾向があり、EUが結ぶ再入国協定は、連鎖反応を引き起こしている。

を受け続けている。イタリアはリビアとの条約に従って、イタリアに向かう難民のボートをイタリア沿岸で拘束しても、リビア側に引き渡していた。難民たちの訴えに対し、2012年に**欧州人権裁判所**は、イタリアは難民たちをリビアでの虐待や拷問の危険にさらし、リビアに対して難民たちの事情を無視して出身国へ集団送還させることで難民たちを危険にさらしたとして、明らかな**欧州人権条約**違反と認めた。しかしイタリアは、その後もこの「プッシュ・バック（push back：押し戻し）」と呼ばれる、リビアへの送り返しを続けた。プッシュ・バックというのは、難民条約に従って難民庇護を申請する権利のある難民たちを救助して本国へ運び、難民庇護の申請を受け付けるという国際法上の義務を怠り、右記のように彼らが航行してきたルートや出発地へと押し返す違法行為を言う。

2012年の欧州人権裁判所の判決にもかかわらず、EU側の押し戻しは続く。たとえばギリシャは、2012年に、27人のアフガニスタンとシリアからの難民を乗せたボートをトルコへ無理に送還しようとして、船を転覆させ、12人が溺死した。

実は、地中海をトルコから難民たちが渡るようになる前、難民たち（その大半はシリア難民だった）は、地続きだったブルガリアを経由してEU域内へ移動していた。しかしブルガリアの国境警察は彼らの入国を認めず、難民庇護の申請も無視して、暴行を加えたり、武器で脅して、トルコへ送り返していた。ブルガリアは、EUの外囲国境基金から受けた財政援助で、国境警察の人員を増やし、60キロメートルにわたる壁をトルコとの間に建設した。行き場を失った難民たちが、トルコから地中海を渡り、ギリシャへ向かうようになったのは、この壁の建設の後である。

EUは、アフリカ・中近東諸国だけでなく、東欧のウクライナなどの周辺諸国にも、国境管理の協力を迫ってきた。EUの外部国境に位置するハンガリーやスロバキアは、本来は庇護の審査を行

欧州人権条約／欧州人権裁判所　1953年に発効し、ヨーロッパ地域47か国が批准する欧州人権条約というものがある。欧州人権条約には、人身の保護や家族生活の保護など移民・難民の人権を守り、彼らを違法な国外送還から守るのに役立つ規定が含まれている。欧州人権裁判所は、加盟国政府の行動や司法の判断が、この欧州人権条約に合致しているかどうかを判断し、批准国はその判断に従わなければならない。

わなければならない難民の一部を、庇護認定の審査を行わずにウクライナに送還してきた。ウクライナは、ＥＵの出資により建設・運営されている収容施設に、こうしたＥＵ加盟国から送り返されてきた難民を劣悪な状態で収容し、そこでは暴力行為も行われていると言う。

また長い間、ＥＵ加盟国のギリシャやブルガリアでは、難民庇護の申請を受け付ける部署がなく、難民の収容施設も、衛生面など待遇に問題が多かった。非人間的な扱いで、長期間の収容も恒常化してきた。難民庇護の審査に必要な通訳や弁護士も、また医師も不足している。これらの国では、難民が庇護申請できず、どこで申請すればよいかも教えてもらえない、あるいは警察で申請を断られ、暴行を受けるといったケースが多いことも、人権団体やジャーナリストたちから告発されてきた。ブルガリアでも、難民収容施設が監獄さながらで、虐待や拷問、理由の不明な長期の拘束がたびたび指摘されてきた。

ＥＵのダブリン規則によれば、難民たちは最初に入国した加盟国で、難民庇護の申請を行わなければならない。他の加盟国は、難民がこれらの国を通過している場合、難民庇護の申請を受け付けず、これらの国に送還することになっている。しかし、ＵＮＨＣＲ（国連難民高等弁務官事務所）は、２００８年にＥＵ加盟国に対し、ギリシャへのダブリン規則に従った送還を行わないようにとの勧告をしている。現在、ドイツも、ギリシャ、イタリア、ブルガリア、ルーマニアには、ダブリン規則に従って難民を送還することをしていない。ダブリン規則は機能しなくなっている。

◆「マレ・ノストラム」と「トリトン」――人道的援助と要塞化のはざまで

イタリア政府は、２０１３年10月に４００人以上の移民・難民が地中海で溺死する事件を受けて、それまでの難民を追い返す政策を転換して、リビアとシシリア島の間の海域で、移民・難民を救助する「マレ・ノストラム（我らの海という意味）」と呼ばれる大々的な救援活動を始めた。リビア沿岸まで範囲を広げ、救出した移民・難民をシチリア島かイタリア本土の港まで運び、1年間で10万人の難民を救助した。EUの他の加盟国は、イタリアのこの活動を、難民をヨーロッパに引き寄せていると非難した。この作戦には多額の費用を要したが、EUはフロンテックスには莫大な費用を投じる一方で、イタリア政府からのこの人道的な事業への財政援助の要請は拒否した。財政的理由からイタリア政府は2014年10月に活動の中止に追い込まれ、フロンテックスが実施する、救助よりも国境警備に重点を置いた「トリトン」作戦にとって代わられることになった。ドイツのジャーナリストによれば、マレ・ノストラムの3分の1の予算しか投じられなかったトリトンについて、フロンテックスの次官は、「フロンテックスは、国境監視が管轄であって、難民を救助することは我々の任務」ではない、と言い切っている。

実際、フロンテックスが、その国境監視活動のなかで発見した難民たちに対して、いわゆる押し戻しを行ったり、難民・移民の拘束・引き渡しで、虐待や非人間的な扱いをしているという報告もある。

マレ・ノストラムの中止後、翌2015年の4月15日にはリビア沿岸でまた難民のボートの転覆が起こり、400人以上の犠牲者が出た。3日後の18日にはイタリアのランペドゥーサ島に向かっていた難民のボートが故障し、イタリア軍の救助も間に合わず、24人が遺体となって見つかり700人以上が行方不明になるという、地中海での難民の事故としては最悪のものとなった。NGOの報告では、地中海や陸路を通ってヨーロッパへ渡ろうとして命を落とした移民・難民は、1988〜2011年の間に、分かっているだけで1万7000人以上にのぼる。実際には、この3倍以上の4万人を超える数ではないかと推測されている。EUと協力しているアフリカの通過国で国境外に放置されて飢えや乾きで死亡したり、密航を試みた船から海に投げ落とされたりして殺された人の数を加えれば、実際の数はこれよりもさらに多いと言われている。

欧州委員会は、現在、機能不全に陥っていたダブリン規則の改革に着手している。当初案では、ダブリン規則を完全に改革して、難民の庇護審査を、マルタにある**欧州難民庇護支援事務所（EASO）**で、一括して行うことが検討されていた。しかし、難民庇護申請の権限をEUに譲り渡すことに東欧などの加盟国から猛反発があり、現在では、到着した難民をギリシャやイタリアに負担をかけないように、他の加盟国に振り分ける案が議論されている。EU独自の国境警備部隊（欧州国境・沿岸警備エージェンシー）を創設しようという計画も進んでいる。

おわりに

EUは2015年の3月20日から、トルコからギリシャに「密航」してきた難民のトルコへの送還協定をスタートさせた。トルコからギリシャへ渡る難民は激減したが、作業は遅々として進まず、リビア経由でさらに危険なイタリアへと地中海を渡る難民が急増しており、難民を危険な航海から守り、仲介業者を取り締まるという本来の目的は達せられていない。逆にアムネスティ・インターナショナルの指摘では、トルコは違法に難民をシリアやイラクの危険な地域へ送還しており、トルコが、EUが主張するような難民にとって安全な避難国であるかには疑問の余地がある。EUが、難民受け入れをめぐり反対する世論や一部の加盟国とのはざまで、難民受け入れに苦慮しているイメージがマスメディアでは流されてきた。しかし、難民を最も多く受け入れているのはヨーロッパ

欧州難民庇護支援事務所（EASO：European Asylum Support Office）　EU加盟国間での難民庇護手続きや庇護認定基準の共通化および難民受け入れ水準の平準化を目指し、各国の難民庇護申請の審査手続きの執行に助言を与えたり、係官を派遣して支援を行う、地中海・マルタ所在のEU機関。

ではなく、世界でもいわゆる「南」に位置する、パキスタン、レバノンなどの国々であり、シリア難民の受け入れでは、多く見積もっても、ヨーロッパ諸国が受け入れた割合は1割程度である。EU加盟国が難民を受け入れてきたとは言っても、EUが難民たちに対してヨーロッパに入る道を狭めようとしてきたこともまた事実である。EUが「非合法移民対策」と称して国境監視活動を強めれば、現場での押し戻しは横行し、難民たちはより危険なルートへと追い込まれ、犠牲者が出るという構図は変わらない。

確かに、難民の受け入れには財政負担や世論の反応という課題もあるが、移民や難民の受け入れにかかる財政負担を心配する議論では、森とルバイ（2014）が指摘するように、国家が移民や難民の入国を阻止しようとする国境警備、強制送還、収容施設にかける莫大なコストには注意が向けられていない。フロンテックスが1回の国境警備計画にかける数億円の予算は、多くの難民たちを救助し、保護するに足る額である。フロンテックスの予算も、創設当初（2005年）の600万ユーロから、10年後（2015年）には、1億1400万ユーロにまで膨らんでいるとされる。ヨーロッパのなかで難民を最も多く受け入れたドイツで行われた自治体への調査（2016年2月）では、大部分の自治体から受け入れ過重ではない、まだ受け入れの余地はある、難民の地元コミュニティへの統合はうまくいっていると回答が寄せられたという。難民の受け入れを阻む最大の要因は、実は私たちの抱える「おそれ」や「不安感」にあるとは言えないだろうか。

●ディスカッション・タイム●

①難民のなかには経済活動が目的の人もいると言われている。一方でEU加盟国には、技能を必要としない労働から高度技能まで幅広く移民労働力の需要が存在する。難民受け入れを制限するのであれば、移民労働者の受け入れを増やすべきだとする意見がある。あなたはどう考えるだろうか。

②EUの国境管理の「外部化」政策は、地域に歴史的に定着していた自由移動の伝統を破壊し、入国管理政策を強化する方向に向かっている。ヨーロッパ諸国がこのように、地域のあり方を激変させるような政策をとることを、あなたはどう考えるだろうか。倫理的に許されるだろうか。それとも、増える難民を制限するにはしかたがないと考えるだろうか。

◎参考文献――さらなる学習に向けて

・久保山亮（２００９）「人の移動をめぐる国家主権概念と多国間主義の再検討――ヨーロッパ諸国の移民政策の『欧州化』１９７４年－２００６年」日本比較政治学会編、日本比較政治学会年報第11号『国際移動の比較政治学』ミネルヴァ書房、１１５－１６９頁
・堀井里子（２０１７）「統合ＥＵの移民選別――ブルーカード政策と外部国境共同管理戦略」小井土彰宏編『移民受入の国際社会学』名古屋大学出版会、近刊
・岡部みどり編著（２０１６）『人の国際移動とＥＵ――地域統合は「国境」をどのように変えるのか？』法律文化社
・ミグル・ユーロップ・ネットワーク著、田邊佳美訳（２０１４）「『再入国協定』とは何か？――その隠された側面としての退去強制」森千香子、エレン・ルバイ編著『国境政策のパラドクス』勁草書房、79－１０３頁
・森千香子、エレン・ルバイ（２０１４）「国境政策のパラドクスとは何か？」森千香子、エレン・ルバイ編著『国境政策のパラドクス』勁草書房、１－18頁
・ロジエール、ステファン著、小山晶子訳（２０１４）「現在おきているのは構造的な『対移民戦争』である」森千香子、エレン・ルバイ編著『国境政策のパラドクス』勁草書房、21－48頁

第16章　国境を越える民、国家を超える人権

――移民・難民の人権保護と国際人権法

藤本　俊明

はじめに

移民や難民も人間である以上、人権を享有する主体であることは言うまでもない。本来、移民や難民の人権については、彼（女）らの出身国や国籍国がその憲法をはじめとした国内法により保護し、保障する義務を負っている。では、国境を超える彼（女）らの人権はどのようにして保護されるのか。本章では、20世紀以降、国連を中心に発展してきた国際的な人権保障の枠組みを中心とする国際人権法の立場から移民・難民の人権保護について考えていこう。

1　人権保護としての移民・難民の保護

移民や難民の「保護」とは何か。国内避難民を含む大量難民に対する人道支援や援助、移民や難民に対する食料や医療、就労、住居、教育などの提供が、実質的に彼（女）らを「保護」するものとして行われてきた。また、１９５１年の難民の地位に関する条約（難民条約）では、難民とは

「人種、宗教、国籍もしくは特定の社会的集団の構成員であることまたは政治的意見を理由に迫害を受けるおそれがあるという十分に理由のある恐怖を有するために、国籍国の外にいる者であって、その国籍国の保護を受けることができない者またはそのような恐怖を有するためにその国籍国の保護を受けることを望まない者」(第1条）と定義されているが、ここでの「迫害」、そして「保護」の意味や内容を再定義することが求められている。移民や難民の保護の中心に人権保護を位置づけることによってその内実化を図っていくことは、1990年代以降の国際社会における**人権の主流化 (Mainstreaming Human Rights)** や**人権基盤型アプローチ (Human Rights-Based Approach)** の潮流にも合致すると言えるだろう。

移民や難民の保護の中心に人権保護を位置づけることは、伝統的な両者の区別や差異を相対化することでもある。「強制移住」としての移民や、従来からの「迫害」概念を超えた難民の再定義の背景に人権保護の欠如が共通して存在することは否定しがたい事実でもある。そして、国際人権法は「国境を越える民」の人権を保護する「国境を超える人権」としても機能しうるのである。次に、国際人権法における移民・難民の人権について、主要な人権条約を中心に概観する。

2　国際人権法における移民・難民の人権

◆主要人権条約と移民・難民の人権

主要な人権条約のうち、移民や難民の人権保護においても重要な意義をもつと思われるものとして、以下の条約を挙げることができる。

人権の主流化（Mainstreaming Human Rights）　国際機関や国内の行政機関、自治体などにおいて、人権保護をその活動上の基本的な原則に位置づけること。同様に、Mainstreaming Gender（ジェンダーの主流化）が用いられることも多い。

・経済的、社会的及び文化的権利に関する国際規約（社会権規約）
・市民的及び政治的権利に関する国際規約（自由権規約）
・あらゆる形態の人種差別の撤廃に関する国際条約（人種差別撤廃条約）
・拷問及び他の残虐な、非人道的な又は品位を傷つける取扱い又は刑罰に関する条約（拷問等禁止条約）
・女性に対するあらゆる形態の差別の撤廃に関する条約（女性差別撤廃条約）
・子どもの権利に関する条約（子どもの権利条約）
・障害のある人の権利に関する条約（障害者権利条約）

社会権規約は、次の自由権規約と合わせて国際人権規約と称せられる国際人権法の根幹をなす人権条約である。同規約が規定する主要な権利としては、労働に関する諸権利、社会保障の権利、水や食料、衣服、居住、基礎教育などに対する権利を包含する十分な生活水準への権利、健康への権利、教育への権利、文化及び科学技術への権利などが挙げられる。移民や難民の日常的な生活を考慮すると重要な意義をもつ条約であると言えるだろう。

自由権規約も、社会権規約とならび、数ある人権条約のなかでもとりわけ重要な条約である。生命に対する権利、拷問・奴隷の禁止、身体の自由、移動の自由、公正な裁判を受ける権利、プライバシーに対する権利、思想・宗教の自由、表現の自由、集会・結社の自由、家族の保護、子どもの権利、政治的権利、法の下の平等、少数者の権利など非常に多岐にわたって規定している。なお、第26条の法の下の平等に関する規定は、後に述べる自由権規約員会において、社会保障のような社

人権基盤型アプローチ（Human Rights-Based Approach）　国内外におけるさまざまな諸課題を人権条約上の権利侵害の可能性を含む人権課題と位置づけ、解決を試みるアプローチ。

会権の範疇に含まれる法律を含むすべての法の適用における平等を規定するものであるとの見解が表明されており、移民や難民の人権保護においても注目に値する。

その他、差別扇動の禁止や社会権及び自由権の諸権利の享有における人種差別の撤廃などを定めた人種差別撤廃条約や、拷問の定義及び禁止や拷問を受けるおそれがある国への追放及び送還の禁止（ノン・ルフールマン原則）などを定めた拷問等禁止条約はもちろんのこと、女性差別撤廃条約や子どもの権利条約、障害者権利条約などの条約も移民・難民の人権保護に一定の意義を有することは言うまでもない。また、主要人権条約には位置づけられていないが、直接的に難民の地位を定めた難民条約や、武力紛争における市民の保護などを定めるジュネーブ条約をはじめとした国際人道法の解釈や適用の発展も期待される。

◆主要人権条約の国際的実施

主要人権条約は、関連する諸権利を規定するだけでなく、その国際的実施のための手続きの進化や発展にも注力しており、主要な手続き（実施措置）としては以下のとおりとなっている。

①報告制度：最も一般的な実施措置であり、すべての主要人権条約で採用されている。締約国政府により定期的に提出される人権状況などに関する報告書がそれぞれの条約実施機関（例：社会権規約委員会）により審査され、当該政府に対する勧告を含む総括所見が採択される手続きであり、「建設的対話」を基本としている。また、重要な情報源として、他の国際機関やＮＧＯの公式・非公式の参加が重視されていることも大きな特徴である。

「23．……委員会は、難民申請に関する情報への適切なアクセスや手続の理解の欠如、言語やコミュニケーション問題および一般の人による難民問題への理解の欠如を含む文化的かい離など、難民自身が認識している問題に関して懸念を表明する（第2条、5条）。委員会は、締約国が、すべての難民に標準化された難民申請手続と、公的サービスにおける平等な資格を保障するために必要な措置をとることを求める勧告を繰り返す。この関係において、すべての難民申請者がとりわけ充分な生活水準や医療への権利を享有できるよう保障することを勧告する。委員会はまた、締約国が第5条（b）にしたがい、誰であれ、その生命や健康が危険にさらされると思える相当な根拠がある国に強制的に送還されないよう保障することを促す。……」（人種差別撤廃条約委員会による日本政府に対する総括所見、2010年3月）

②個人通報制度：主として被害者である個人が、締約国による人権侵害のケースを条約実施機関であるそれぞれの委員会に通報する制度で、受理された通報は審査の後、当該国政府に対する条約違反の有無に関する「見解」などが採択される。「準司法的手続き」として一定のインパクトをもつが、同制度を締約国の個人が利用可能とするためには、議定書の批准や受諾宣言など別途新たな手続きが必要である（日本はすべての条約に関して同制度が利用できない）。

③調査制度：信頼できる情報源からの情報に基づき、条約機関自らのイニシアチブにより行われる、現地調査を含む手続き。

④国家通報制度：締約国が条約義務を履行していない場合に他の締約国が通報し、条約機関が審査する制度。外交上の配慮が通報の抑制要因となるため、実質的に機能していない（条約により採用している実施措置や制度の詳細が異なることに注意が必要である）。

報告制度や個人通報制度では、移民や難民の人権について取り上げられる例も少なくない。また、各条約機関は、すべての締約国を対象に条約上の諸権利の規範内容や締約国の義務に関する明確化などを目的に「一般的意見」などの勧告を採択している。こうした勧告や先例の蓄積は、移民や難民の人権保護においても、条約規定自体と合わせて留意する必要がある。また、人権条約機関ではないが、2006年にそれまでの人権委員会を発展的に改組して創設された**人権理事会**による加盟国定期審査（UPR：Universal Periodic Review）における審査プロセスや、**国連人権高等弁務官事務所**（**OHCHR**：Office of the United Nations High Commissioner for Human Rights）によるさまざまな取り組みの動向も注目される。

◆人権条約上の締約国の義務

締約国の条約の実施義務に関して、かつては「人権二分論」を背景に社会権規約は漸進的義務、自由権規約は即時的義務とされてきたが、学説上の発展や社会権規約委員会の積極的な取り組みの成果などから、社会権規約においても差別禁止規定をはじめとした即時性をもった権利が存在すること、漸進的実現が予定される権利に関しても、少なくとも一定の行動をとることは即時的義務であることが確認されている。

同じく、社会権規約委員会では、多数の個人が人間に不可欠な食料、基礎保健、住居、基礎教育を奪われている国に関する義務の不履行の認定（手段の利用可能性の欠如を立証する責任は当該国側にある）を可能とする最低限の中核的義務（a minimum core obligation）の存在や、規約上の諸権利の実現に関して後退的措置をとることは一般的に禁止されうることなどが指摘されている。

人権理事会（Human Rights Council）　コフィ・アナン国連事務総長（当時）のイニシアチブのもと、2006年にそれまでの人権委員会を発展的に改組し創設された国連総会の下部機関。47理事国により構成される。

3　日本における移民・難民の人権保護

◆「マクリーン事件」と「塩見訴訟」の二重の呪縛を超えて

日本における国際人権法による移民・難民の保護を考える際には、二つの国内判例が二重の呪縛となっていることは否定できない。すなわち、難民を含む外国人の入国や在留に関して大幅な行政裁量を認めたいわゆる「マクリーン事件」最高裁判決（最高裁昭和53年10月4日大法廷判決、民集32巻1223頁）と、社会保障給付の対象として在留外国人よりも自国民を優先することは、立法裁量の範囲を超えるものではなく、差別にはあたらないとすると同時に、社会権の権利性を否定した「塩見訴訟」最高裁判決（最高裁平成元年3月2日第一小法廷判決、判例時報1363号68頁）である。憲法や人権条約の規定よりも入管法が上位の法であるかのような転倒した発想を内包した裁判所の姿勢や、人権の相互不可分性への無理解に基づく裁判所の判断は、移民や難民の人権保護にも大きな影を落としている。国際人権法は、こうした状況に光をもたらしうるだろうか。日本において人権条約は、批准や加入の手続きを経た後に条約自体がそのまま国内的効力を有する（一般的受容）ことから、憲法に次ぎ他の法令よりも上位の「国内法」に位置づけられている（憲法98条2項）ことに、より注意を払う必要があるだろう。国内法であるということは、司法だけではなく、立法、行政、地方自治などへ適用されるとともに、法令や行政行為の合法性の判断基準ともなりうるのである。

国連人権高等弁務官事務所（OHCHR）　国連人権高等弁務官のもとで国際的な人権保障を担う国連の中心的な機関。主要な情報が同事務所のウェブサイトで参照可能で有用である（http://www.ohchr.org/）。

◆移民・難民の人権保護の新たな潮流へ向けて

最後に、移民・難民の人権保護の新たな潮流へ向けた具体的な課題について指摘したい。①はじめに、現行の入管法とは別に移民法や難民保護法などの基本法の制定、合わせて移民庁や難民庁などの独立した機関の設置は不可欠と言えるだろう。②また、諸外国においては当然に制定されている外国人差別に関する禁止法の制定も急務である。③合わせて前述の人権条約上の個人通報制度を利用可能にすることも、国内における人権保護に大きなインパクトをもたらすものとして関連条約の批准が求められる。④同様に、諸外国において国際人権法の国内的実施も担う独立した国内人権機関（National Human Rights Institutions：NHRIs）の設置も求められている。

一方、学術研究としての移民・難民研究の進化、発展も期待される。その際には、「誰のための何のための科学・学問なのか」という根本的な問いとともに、研究の「当事者性」や学者・学界の社会的責任に意識的であることは不可避であると思われる（参照：難民研究フォーラム　http://www.refugeestudies.jp）。

おわりに

武力紛争やテロ、飢饉や気候変動など混迷を深める世界情勢のなかで、国境を越える民とともに、人権も国境を越える。国際人権法は彼（女）らの絶望を希望へと転じる扉の鍵となる可能性をもつ国際社会の叡智の結晶でもあることを忘れてはならない。

◎参考文献——さらなる学習に向けて

・阿部浩己・今井直・藤本俊明（2009）『テキストブック国際人権法（第3版）』日本評論社
・ハサウェイ、ジェームス・C著、佐藤安信・山本哲史訳（2014）『難民の権利』日本評論社
・本間浩（2005）『国際難民法の理論とその国内的適用』現代人文社
・松井芳郎・薬師寺公夫・坂元茂樹・小畑郁・徳川信治編集（2005）『国際人権条約・宣言集（第3版）』東信堂
・渡邉彰悟・大橋毅・関聡介・児玉晃一編（2010）『日本における難民訴訟の発展と現在——伊藤和夫弁護士在職50周年祝賀論文集』現代人文社

●ディスカッション・タイム●

①移民や難民の人々が滞在国において保障される必要のある人権について、彼（女）らの日常生活について可能な範囲で調べながら、主要な人権条約で確認してみよう。
②日本を含む一部の国々では、移民や難民の人々の人権が制限されている。国際人権法は原則的にそのような制限を認めていないが、移民や難民の人権の制限の是非について、人権条約上の権利を確認しながら考えてみよう。

第17章　難民の定住と心的トラウマの影響

森谷　康文

はじめに

日本が難民と向き合うのは、１９７５年のインドシナ難民の受け入れに始まる。日本にたどり着いたいわゆるボートピープルは１９７５年から１９９５年までに約1万３００人で、そのうちの約３５００人と、東南アジアの難民キャンプから日本に定住した人や、彼らが日本定住後、本国から呼び寄せた家族などを合わせ、約1万２０００人が日本に定住した。日本政府は定住促進センターを設置して日本語習得や就職あっせんなどを提供したが、あまりにも不十分で、並大抵の苦労では安定した生活を手に入れることはできなかった。インドシナ難民の日本での社会経済的地位や適応状態は一様ではないが、30年を経過した現在でも日本語が話せず、安定した仕事に就くことができず、困窮して社会から孤立した生活を送っている人は少なくない。

日本はインドシナ難民の受け入れを契機に１９８１年に難民条約を批准し、難民認定制度による難民の受け入れを始めた。２０１０年からは第三国定住事業による難民も受け入れている。今日の日本の難民受け入れはその数の極端な少なさが話題になるが、定住支援の枠組みについてもインドシナ難民の頃と大きく変わっておらず、多くの課題が残されている。日本で生活する難民は、なじみのない生活に苦労を抱えているが、それは日本語や生活習慣を身につけるだけで解決するものではない。とくに、難民が抱える困難の背景には、母国での生活を失った悲哀や絶望、二つの文化に対する戸惑いなど、難民としての経験と移住生活での葛藤が深く関係しており、それらの理解を踏まえた心理社会的な支援が必要である。

1　定住に先立つ体験

難民の体験は、母国での体験と避難過程での体験、そして定住先での体験の三つの段階に分けることができる。難民の定住に先立つ体験は多様だが、特徴的な傾向について知っておくことは難民を理解するための出発点となる。

◆暴力の被害

難民となる背景には、紛争や迫害、社会に蔓延した暴力や人権侵害など、母国の社会的・経済的・政治的な混乱が見られる。難民の多くが爆撃や暴行の被害、政府や対立する組織から**拷問**を受ける、あるいは実際に被害に遭わなくても目の前で人が殺される、破壊された街や死体といった惨状を目撃した経験をしている。

避難の過程も決して安全で穏やかなものではなく、命の危険を伴う旅である。近年では地中海を中心に多くの人が小さな船でヨーロッパに渡っているが、その数は2015年だけで100万人を超えた。一方、沈没などの事故で死亡した人も3000人を超え、小さな子どもの遺体がトルコの

拷問　アムネスティ・インターナショナルの報告では、身体的な拷問はもちろん、きわめて不潔な環境に閉じ込める、孤独にさせる、宗教や信条に背く行為や仲間を裏切ることを強要するなど、人間の尊厳を奪い、その後も自責の念を抱え続けるような拷問の手口が確認されている。

海岸に流れ着いた写真が報道され、世界中に衝撃を与えたことが記憶に新しい。

◆剝奪

難民の母国では、医療や治安維持制度の機能不全、仕事や教育機会の欠如、食料や安全な住居の確保困難といった、生活に不可欠なものが長期に失われた状態が続いている。人間の基本的ニーズの欠如は生命の危機にとどまらず、生きる意欲や将来を見通す力を阻害し、暴力が繰り返される要因ともなる。そうした状態が難民の暮らす社会全体に及んでいることもあれば、民族や宗教に基づく特定の個人や集団に対する場合もある。居住地の政府から国民と認められず、文化の継承や教育の機会を奪われ、就労の制限や収入に対する恣意的な課税をされるなどで貧困な生活を余儀なくされた経験をもつ難民も少なくない。それゆえにこうした状態を「剝奪」と呼びたい。

日本においては、難民認定申請者が剝奪の状態に置かれている。２０１５年には難民認定申請を行った人が７０００人を超えたが、実際に難民と認定された人は27人、難民とは認定されなかったが特別な配慮で滞在が認められた人は79人となっている。難民認定申請中でも一定の条件に該当すれば就労することが可能だが、日本語が不自由で外国人であることや難民申請者という身分が高いハードルとなって仕事を得ることは難しい。多くの申請者が、食事や生活に必要なものを友人や教会、ＮＰＯなどの支援団体に頼って生活し、病気になっても簡単には病院にも行けない状態である。

◆喪失体験

かけがえのないものを失うことを「喪失体験」と言うが、その対象となる経験は少なくとも三つあると言われている。配偶者や子ども、親などの家族をはじめとする親しい人を失う「関係性の喪失」、家庭や仕事、社会での地位や役割を失う「自尊感情や自信の喪失」、暴力の被害者となり心身に傷を負ったり、災害などによって家や財産を失う「被害の結果による喪失」である。喪失体験によって、悲しみや怒り、無力感、自責といった感情の変化と不眠や食欲低下、呼吸困難など身体症状が現れる。また、他者や自分に対する信頼が低下するため親密な関係性を築き維持することが困難になることもある。

難民は暴力や剝奪を背景にさまざまなものを失う体験をする。紛争による家族の死や離散、就労や教育機会の剝奪、家屋や所属する地域社会の破壊もあれば、避難によってこれらを手放さざるをえないこともある。定住先の状況によっては自分たちの母語や所属していた文化と触れる機会を失う可能性もある。

2 難民の体験が与える定住生活への影響

私たちの生活には、出産や結婚、入学や就職、親や配偶者の死といったライフイベントと言われる人生の転機がある。こうした出来事は、時に心理的に負担ともなる。それは、移住に伴って言葉をはじめとする慣れない生活を送る難民にとっては、より大きな負担となる。また難民は、受け入れ国での定住に際して、新しい言葉や慣習、仕事、人間関係などに対応する必要がある。さらに、難民の母国は不安定な状況が継続していることが多く、残してきた家族や仲間を心配するという負担も背負っている。定住支援では、難民のこうした多次元からの心理的な負担を理解することが必要である。

◆心的トラウマとその影響——Bio-Posycho-Social モデル

凄まじい恐怖や命の危険を感じるほどの衝撃的な体験が「心的トラウマ」となって残り、その後も影響を及ぼすことがある。心的トラウマの反応は、身体や心理的反応として現れ、社会生活にも多様な影響を及ぼす。身体的な反応としては、頭痛や悪夢を見る、フラッシュバック、睡眠障害、集中力や記憶力の低下などがある。心理的反応には、気分の落ち込み、怒りやイライラ感、不安感、罪責感、自尊心の欠如や他者への不信感、無力感などがある。こうした反応を背景に、定住国で言語習得や就労訓練の機会があっても思うように学べない、仕事や家事ができない、人間関係が築けないなど、社会生活上の問題を抱えることになる。心的トラウマの代表的な反応には**心的外傷後ストレス障害（PTSD）**があるが、難民における発症率は一般人口の10倍以上と言われている。

◆難民体験の家族への影響

これまで一家の稼ぎ手としての男性の役割が強かった家族では、難民となることで、その役割を失う影響は大きい。男性が役割を果たせないことによる反応は、抑うつや無力感として、また家庭内暴力として表出することもある。国際移住機関（ＩＯＭ）が行ったイラク難民への調査では、約15％もの女性が家庭内暴力が増えたと答えている。一般に、子どもは言語習得が早く社会適応も早いとされるが、受け入れ国での諸手続きや通訳を子どもが担うことで、家庭内の主導権が親から子へ移行して親の孤立や自尊心の低下が起こることも指摘されている。

一方、子どもは家庭内の問題と受け入れ国からの差別や偏見によって親や自分のルーツに対する葛藤を抱えることになる。言葉の壁や教育システムの違いなども影響して、学力不足や学校になじめないことから不登校になるケースも見られる。子どもの教育の問題は、親が働けないなど家庭に

心的外傷後ストレス障害（PTSD: Post Traumatic Stress Disorder）　心的トラウマ反応の一つで、フラッシュバックをはじめ、心的トラウマで生じる状態が最低１か月以上続くなど医学的基準に基づき診断される。

十分な収入がないことの影響も大きい。

◆難民体験の社会生活への影響

心的トラウマをはじめとする先に述べたような難民の体験から、定住先での生活意欲が低下している人も少なくない。とくに剝奪の状態が長期に続き、生活を支援に依存している場合には、自立しようとする気持ちさえもくじかれていることが多い。難民に言語習得や就労訓練の機会が提供されても、心的トラウマの影響で思うように学習が進まず、苛立って周囲に攻撃的になったり、訓練を拒否して周囲との軋轢が生じることがある。

受け入れ国での言語習得や社会サービスの利用が困難になると、その国での生活をより良いものにするための情報が入手できない、あるいは社会から孤立しているために存在そのものが発見されずに支援が提供されないまま放置されることもありうる。

3　日本における難民の定住支援の課題

難民の受け入れ国での定住において、心的トラウマを含め、定住に先立つ難民の体験が大きな影響を及ぼすことを見てきた。一方、ＰＴＳＤを含む心的トラウマの反応の多くのは自然に回復するが、心的トラウマの反応がどのように現れるのかは、体験の状況や当事者の性格といった個人の要素とともに、その人が置かれた環境が大きく関係してくる。そのため難民の定住支援においては、個人と環境の双方に対応することが必要である。

◆レジリエンス——立ち上がる力

近年では精神医学や児童心理学などで「レジリエンス」という概念に注目が集まっている。これは精神医学では、病気のなりやすさ（脆弱性：ヴァルナラビリティ）と対比して、病気のなりにくさや立ち上がる力として注目されている概念である。レジリエンスの要素にはさまざまなものが指摘されているが、とりわけ次のものが難民にとって重要だと思われる。

■個人要素
・安全を感じられること
・受け入れ国の言語習得度
・高い自尊感情
・信仰心と宗教的慣習の維持
・同じ文化背景をもつ集団とのつながり

■環境要素
・社会的支援
・地域・職場や学校での理解と協力
・満足のいく仕事が得られる機会があること
・所属可能な集団、とくに同じ文化背景をもつ集団の存在
・家族の結束（助け合える家族）があること

◆継続した支援と地域社会の協力

現在、難民の定住支援プログラムとして、東京の定住支援施設でおおむね半年間の日本語教育と社会生活の訓練が提供されている。しかし、半年間の訓練だけでは不十分で、訓練終了後は地域の日本語教室や仕事をしながら独学で学習することになる。難民受け入れを先駆的に行ってきた国では、行政の委託を受けた地域の支援団体が、難民の体験や心的トラウマに関する理解を深めたうえ

で、語学習得と合わせた職業訓練を提供している。また、社会生活訓練も居住する地域社会を中心に提供されるため、訓練を通して地域社会の理解や協力を築き上げることができている。

◆先に定住した難民の活用

同じ文化背景をもつ集団の存在とつながりがあることは、難民が抱える心理的負担から立ち上がるための重要な要素になっている。日本でも**エスニック・コミュニティ**のなかで助け合うことを奨励・促進する支援を提供すべきである。海外では、国や地方自治体が補助金を提供して、エスニック・コミュニティが難民の受け入れの一端を担う施策をとっているところもある。オーストラリアでは、州政府から委託を受けたＮＰＯに登録されたエスニック・コミュニティのメンバーが「コミュニティ・ガイド」として、新しく受け入れた難民の地域生活オリエンテーションを行っている。難民と同じ言葉で、同じ境遇を共感しながら支援ができ、エスニック・コミュニティとのつながりが即座にできることから、定住が円滑に促進されることが確認されている。

◆専門的支援へのアクセス

心的トラウマをはじめ、難民の精神的な状態が専門的治療を必要とすることもある。しかし、日本には難民が比較的少ないことから、難民の体験を理解して治療にあたることができる専門機関は少ない。海外では、地域の開業医に難民の特徴的な問題を理解するための資料を配布し、学習会を開いているところもある。日本の社会福祉や心理の専門職も養成課程において難民について知る機会は少ないため、十分な知識をもちえていないのが現状である。医療通訳を整備し、専門職養成施設や職能団体が情報提供を行い、難民の問題への理解を深める機会を増やすことが求められている。

エスニック・コミュニティ　出身国や民族など文化背景を同じにする集団あるいはその集団が集住する地域。特有の食文化や宗教行事、祭りなどの文化を維持する機能と生活の互助機能をもつ（46、82 頁も参照）。

おわりに

難民の体験やそれに基づく心的トラウマが、その後の生活に影響を与える可能性が大きいことを見てきた。難民へのかかわりでは、彼・彼女らの母国での状況と避難の過程に目を向けることが重要である。難民が日本に定住するうえでの心的トラウマに配慮した実践について課題を提示したが、いくつかの試みはすでに難民支援の市民団体で実践されている。さらに広げるためには、国や地方自治体での政策的位置づけや予算化が不可欠である。

一方、難民は過酷な体験はしているが、それを乗り越えてきた生存者であり、立ち上がる強さをもっている。環境が整備されれば、自立した生活を送ることはもちろん、社会のさまざまな活動に参加し、移り住んだ国や地域に貢献する存在でもある。さまざまな課題を抱える日本の難民受け入れや定住支援も、当事者である難民が参加することでより充実させることもできるだろう。

難民の受け入れと定住に積極的な施策を行うカナダでは、新首相トルドー政権の閣僚に元難民が就任するなど、難民の政治参加が進んでいる。一方、日本では難民の数も日本国籍を取得する者も少なく、難民の社会・政治参加は進んでいるとは言いがたい。こうした難民の政治的立場の弱さが、定住施策が進まない要因の一つである。難民の心的トラウマへの対応には、専門家だけではなく社会全体の理解が必要だが、そのなかで難民の**権利擁護（アドヴォカシー）**も重要な取り組みである。

権利擁護（アドヴォカシー）　自ら権利を主張できない立場の人を代弁して、人権や社会サービスなどの権利の主張や獲得を進める活動。また、国や自治体などの政策の対象から排除されている人々を包摂する提言（政策提言）を行うこと。

◎参考文献――さらなる学習に向けて

・難民支援協会編（2010）『外国人をめぐる生活と医療――難民たちが地域で健康に暮らすために』現代人文社
・根本かおる（2013）『日本と出会った難民たち――生き抜くチカラ、支えるチカラ』英治出版
・森谷康文（2014）「難民の健康問題――健康の社会的決定要因の視座から」墓田桂他編『難民・強制移動研究のフロンティア』現代人文社
・宮地尚子（2013）『トラウマ』岩波書店

•ディスカッション・タイム•

①世界的な著名人がスピーチをするTED Talkに、タン・リー（Tan Le）というオーストラリア国籍の女性が出演し、元難民としての体験を通して家族の絆について語っている。彼女の話を聞いて、彼女と家族の体験を、母国、避難過程、定住に沿って整理してみよう。また、彼女の母親の心的トラウマに関するエピソードも語られているので、どんな体験が背景にあったのか、彼女や母親のレジリエンスは何だったのかを話し合ってみよう。
TED Talk URL https://www.ted.com/speakers/tan_le

②あなたが急に住み慣れた場所から避難することを余儀なくされ、二度と戻れないとしたら、何を持って行きたいと思うだろうか。それが何で、自分にとってどんな意味があるのかをみんなで共有してみよう。また、もしそれを失った、あるいは持って行けないとしたら、あなたはどうなるだろうか、そのときに周りからどのように接してほしいと思うだろうか。みんなで話し合ってみよう。

第18章　移民・難民への見方を問い直す
――〝新しい人道主義〟を超えて

小泉　康一

外国での酷《むご》い人権侵害から自分を隔離する方法はない。人権侵害は、私たちの戸口を叩きにくる難民、亡命者を生み出す。私たちは、戸に閂《かんぬき》をかけ、増え続ける非惨と暴力を外に追いやるか、戸を開けて、自分たちの福利の幾分かの費用を払うか、選ばねばならない（Stanley Hoffman）。

はじめに

２０１５年後半、中東やアフリカからヨーロッパに押し寄せる人々の受け入れをめぐって、〝難民問題〟は大きな注目を集めた。日本でもマスメディアが連日報じ、大きな関心を呼んだ。『朝日新聞』が２０１５年12月に実施した電話による全国世論調査では、日本の難民受け入れの是非について「積極的に受け入れたほうがよい」と答えた人は24％にとどまり、「そうは思わない」は58％にのぼっている。受け入れに世論も積極的とは言えない様子がうかがえる。記事は、過去日本に１万１０００人を超えるインドシナ難民が定住していることを挙げて、日本に助けを求める人たちがいるならば、できるだけ応えられないかと結んでいる。

命の危険にさらされ、困難な目に遭っている人々に対する情報不足と、ある意味での無理解があるように見える。

1　難民は各自違う

迫害されている人、困難な目に遭っている人に避難所を与えたり、客人を歓待することは多くの文化で価値あるものとされているが、他方、私たちの知らない人、その生活習慣、宗教などが自分たちのものと異なる人々への不信感という自然な感情もある。

人の移住について話すとき、私たちは移動する人々を巨視的に捉え、全体を画一的な集団と見る傾向がある。人々を非個人化し、非人格化する。個々人はみんな性別、年齢、職歴、学歴、出身地、趣味、考え方がそれぞれに違うのに、みんな同じだとする誤りである。

このことは、私たちが彼らを〝脅威だ〟と見やすくする。現在のように経済不況下で、将来的な人口数が安定せず、大きな社会変化を受ける国々（日本を含む）で、移動する人々は、経済的、社会的にさまざまな立場を占める。人の移動はそれ自体、グローバルな変化の兆候だが、変化の根本原因と誤って解釈されてきた。移動する人々は、経済的不安（職業機会を奪う）や国家主権の損傷（不法入国、あるいは入国目的と異なる違法活動など）、文化的アイデンティティ（国のもつ伝統的なあり方）への脅威として非難されてきた。とくに立場の弱い難民は、グローバル化の〝生贄の羊〟とされ、極右の人種主義者の標的とされている。

受け入れは、たとえばアメリカのように、以前は、多様な背景の人々を同じ一つの国民にするため、同化あるいは〝るつぼ〟が目標とされた。しかし、差別と民族的な不平等を廃絶するという同化策が失敗して、新しい方策がとられることになった。

それらの方策は、たとえば多文化主義、民族少数者政策、包摂・包含、統合のように、現在さまざまな名称で呼ばれている。受け入れ国は、文化的相違や宗教的な違いを認めて、公共政策を導入してきた。帰化しやすいように国籍法を修正し、移動民の子弟へ市民権を付与するように変化してきた。しかしそうした政策は、不平等や違いの問題を解決できず、社会紛争も防ぐことができていない。

2　〝人道〟という言葉の危うさ

グローバル化の現在、世界中の脆弱な人々に対して道徳的・倫理的責務が叫ばれ、彼らの基本的な必要物に合うべく、二国間と多国間で援助が行われている。こうした援助は、一般に「人道援助」と呼ばれている。１９９９年、東ヨーロッパ・コソボ紛争の空からの爆撃では、たくさんの数の罪のない民間人が爆撃の巻き添えになって死亡した。しかし、人の死にもかかわらず、作戦を行った兵士は人道援助者であり、空爆は紛争を終結させるための手段であり、〝人道的戦争〟と呼ばれた。人道は人を救うことのはずだが、人を救うためのという理由で、人が殺された。

アフリカで、中東で、アジアで、難民が兵士（難民戦士）として使われ、難民救済の人道物資が流用されたり、略奪されて武器購入の資金に使われている。武装勢力は、難民を庇護した国（第一次庇護国）から、難民を軍事動員し、国境を越えて紛争を拡大、争いを長期化させている。ここには〝人道〟という言葉の危うさがある。

〝人道〟という言葉は、万人が使うが、その中身が厳密に法的に定義されているわけではない。万人がそれぞれ異なった意味で使い、使われた途端、相手が反駁できなくなる魔法の言葉である。〝人道的〟という言葉が、意味として〝膨張〟したために、〝曖昧さ〟が生じ、実際の行動では〝ごまかして〟使い、批難から逃れることができるようになっている。そして、その包括的で、不確かな性格をもつ〝人道的活動〟が難民保護を「危機」に陥れている。

広く受け入れられた人道主義の定義は、直接に危険な状況にある人々に対する、公平、独立、中立の救済で、特定の政治的意図をもたず、活動は救済志向で非政治的ということであった。人道主義は確かに、苦難な目に遭っている個人を助けるが、彼らを危険に陥れた根本原因の除去ではない。問題の根源は、「政治問題」である。こう見ると、人道主義は国際社会のなかで、特有な役割を演じているのが分かる。言ってみれば、それは政治から遮断された「人工空間の一時的創出」である。

3 〝模範的な人道主義〟と〝政治的な人道主義〟

人道主義はその目的として、人間福利の増進のための物資供与と、人として大事な社会・文化的行為を守り、それが全体として調和することを目指している。しかし現実はと言うと、人道活動を実施する意味づけは、その時代を支配する政治的な考え方で作られている。冷戦時代は、〝共産主義という悪政から逃亡する人を助ける〟という政治目的のために、人道主義は非政治的に扱われ、〝模範的な人道主義〟が実施された珍しい時期であった。しかし冷戦終結とともに、再び政治化が復活し、人道主義の原則の廃棄を求める〝政治的人道主義〟と呼ばれる〝新しい人道主義〟が出てきた。

政治的人道主義は、不偏、公平、中立、独立の原則をもつ模範的な人道主義と違い、原則に縛られるのを拒否する。このアプローチは、先進国の良い統治を実現すれば、途上国世界を変えられるという人道主義機関の望みがあると見られている。救済という普遍的な世界観を標榜して、ある意味では植民地時代のように、外部から変革するという考え方である。これは軍事力を背景にした〝筋骨たくましい人道主義〟になる。

人道主義が政治にからめとられるなかで、資金が優位を占める〝マーケット人道主義〟なるものが、人道機関の活動に影響を与えるようになってきた。人道機関は、いわば外部からの変革と、現代世界に存在する膨大な数の難民、避難民ために、大量の資金を必要とする金のかかる人道主義をとるようになってきた。こうして人道機関（NGOを含む）は、いまや活動資金を求めて機関同士の激しい競争を行い、マスメディアに報じられることを望み、資金と影響力の獲得を競い合っている。

おわりに

現代的に移り変わる人道主義には、二つの次元がある。すなわち、今日の人道主義は、外に向かっては政治的人道主義、内に向かっては他者との間を（諦めて）受け入れるようにする共同体的な数多くの政策（多文化主義）である。国際段階の政治的人道主義と、国内段階での〈移住―多文化主義〉の結合が見られる。

国内政治と国際政治の接点で両者を勘案して作られる難民政策は、とりわけ外交政策の「道具」として使われやすい。政府が難民への政策を作るうえで、人道主義は確かに一つの要因ではある。しかし一般に、政策では政治的、戦略的関心（友好国との協調、労働力需要など）が勝ることが認められる。移動する人々、とくに難民への政策は「政治的含み」を欠くことはできないが、真に人道的な目的が達成されるなら、政治要因は支配的な動機とはなりえない。

私たちが過去から学んだ一つの確かな教訓は、壁・障害を設けることは移動を強いられたと感ずる人々に対しては、全く答えにはなっていないことである。逃げる場所がなければ、殺されてしまうだけである。第二次世界大戦期のホローコースト（ユダヤ人大虐殺）、近くは１９９０年代の旧ユーゴ危機、ルワンダでの残虐非道さは、人の移動に制限措置をとり、事態の悪化を招いたとき、事態は想像できないほど凶悪化しうることを物語っている。制限措置は一般に、世界中で起きた人の大量移動には全く無益なことが示されている。

難民を受け入れることは、受け入れ国にとって重大な負担になると見なされるが、結果はより多様である。ノーベル賞を受賞したアインシュタインのような著名な難民のほかにも、熟練、非熟練の難民たちは受け入れられた国で多大な貢献をしている。市民権と政治参加に基づく民主主義をもつ受け入れ社会は、難民を社会に編入する方法を見出さねばならない。

◎参考文献――さらなる学習に向けて

・小泉康一（１９９８）『「難民」とは何か』三一書房

・小泉康一（2005）『国際強制移動の政治社会学』勁草書房
・小泉康一（2009）『グローバリゼーションと国際強制移動』勁草書房
・難民問題研究フォーラム編（2001）『難民と人権——新世紀の視座』現代人文社

あとがき

移動民およびその集団（移民・難民、両者の境目は曖昧）は、各々もつ性質が異なり、彼らの法的、社会的、経済的、心理的ニーズも異なる。現代は法的、行政的に異なる（一時）移民が、権利と資格に違いのあるままに現れている。

詳細は別として、見通しから言えば、人の国際移動（難民・庇護申請者の移動を含む）は、決して無差別、無原則に発生・発展しているわけでも、また歴史上の一定のきっかけだけで発生しているわけでもない。いま起きているのは、世界的および地域的な特性や構造を反映した独自のパターンだという認識が大事である。

そして、人が移動し、とくに難民を受け入れる際には、彼らが法的、経済的、社会的に疎外されないように、政策を見直し、包括的な統合計画を推進する必要性が緊急に出てきている。移住政策は、移動民の権利を組み込む目的で作られるべきで、人はどこに移動しようとも、彼らの地位がどんなものであっても、人権は奪われることがあってはならない。とくに、強制移動や避難の場合には、人権は著しく侵害される。個人の選択を尊重し、彼らの問題への解決が持続するように、注意深く、支援策が念入りに作られねばならない。

現代のような移動の時代には、人々の望み・願いはますます多様になり、社会的、教育的にも、人口的にも特徴のある新しい移動の形が出てきている。人が移動することを決め、行動する要因について、独立し、客観的で、批判的な学識を深め、その成果を広く社会に伝えることが、かつてないほど重要になってきている。移動の因果関係を理解して課題に取り組み、移動する人々を助け、根本原因に対処するため、効果的で実践的な技術を開発することは重要である。

本書がその一端を担えれば幸いである。

書籍としてまとめるにあたり、各分野の基本的事項に目配りして最適な執筆者をお願いした。加えて、各章に最新の論点を盛り込むようにお願いした。論点の重複はできるだけ避けるようにしたが、読者の理解という便宜を考えて、そのままにしたところもある。ご寛恕いただきたい。

最後に、慶應義塾大学出版会編集部の木内鉄也氏には、本書の作成で大変お世話になった。企画の立ち上げから焦点の絞り込みまで、同氏の鋭い問題意識と辛抱強い編集作業、さらに適切な助言がなければ、本書は世に出ることはなかったと言える。厚く御礼を申し上げたい。

2016年8月

小泉　康一

資料

図1　日本における外国人登録者数（在留外国人数）

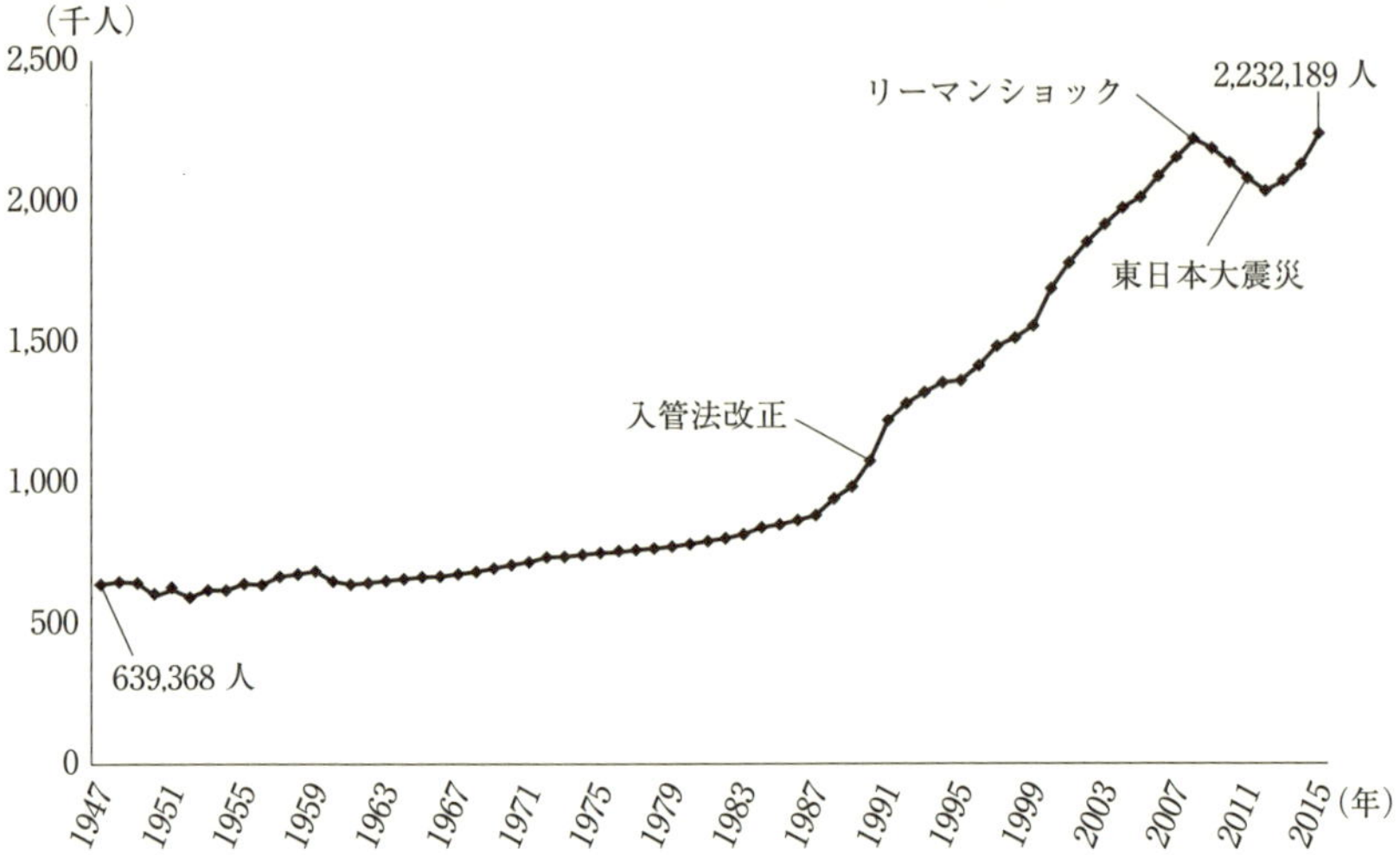

出所：法務省「在留外国人統計」（旧「登録外国人統計」）より郭潔蓉が作成。

図2　日本の在留外国人数における永住者の内訳と推移

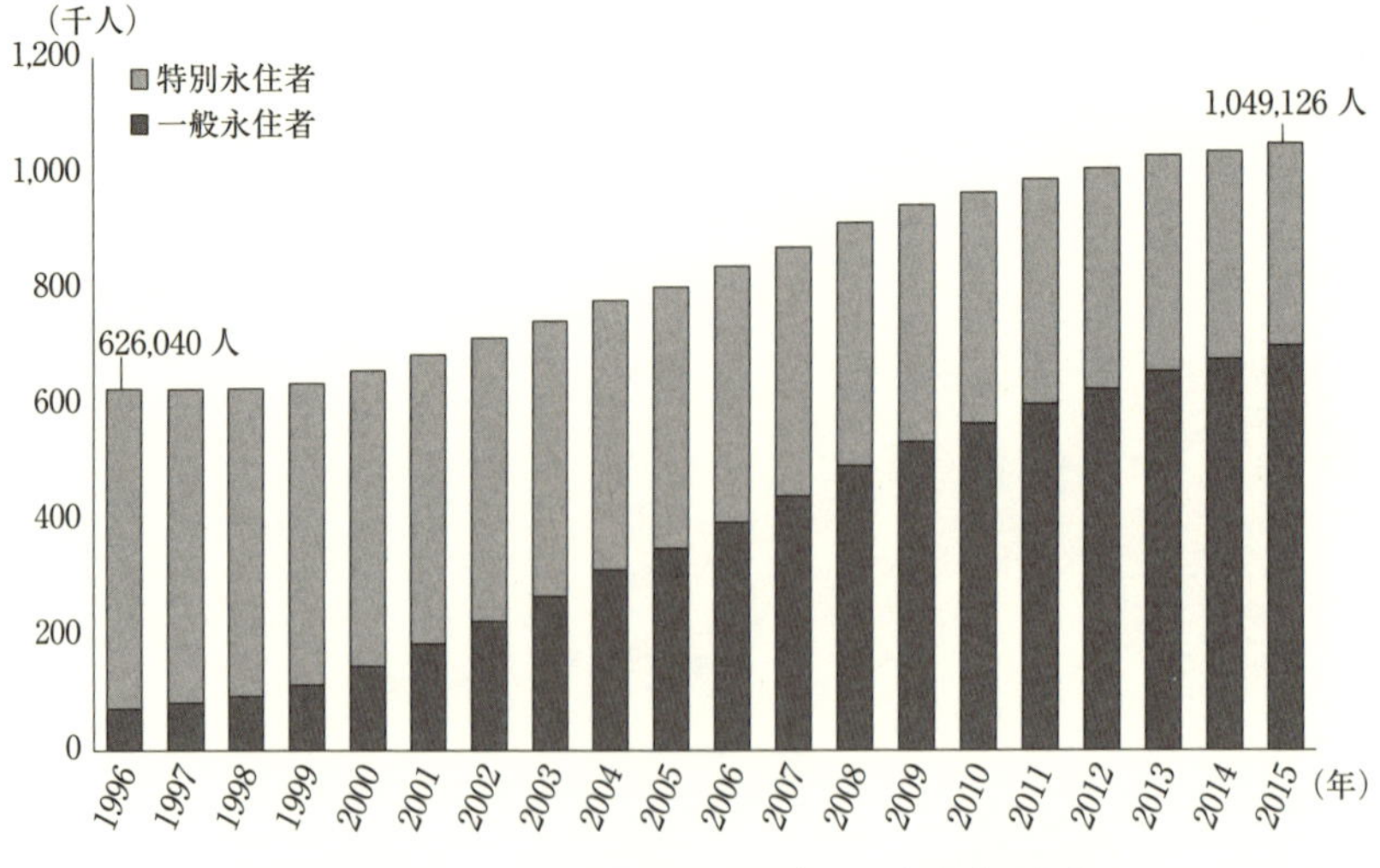

出所：法務省「在留外国人統計」（旧「登録外国人統計」）より郭潔蓉が作成。

図 3　日本における在留資格別、中長期滞在外国人の内訳

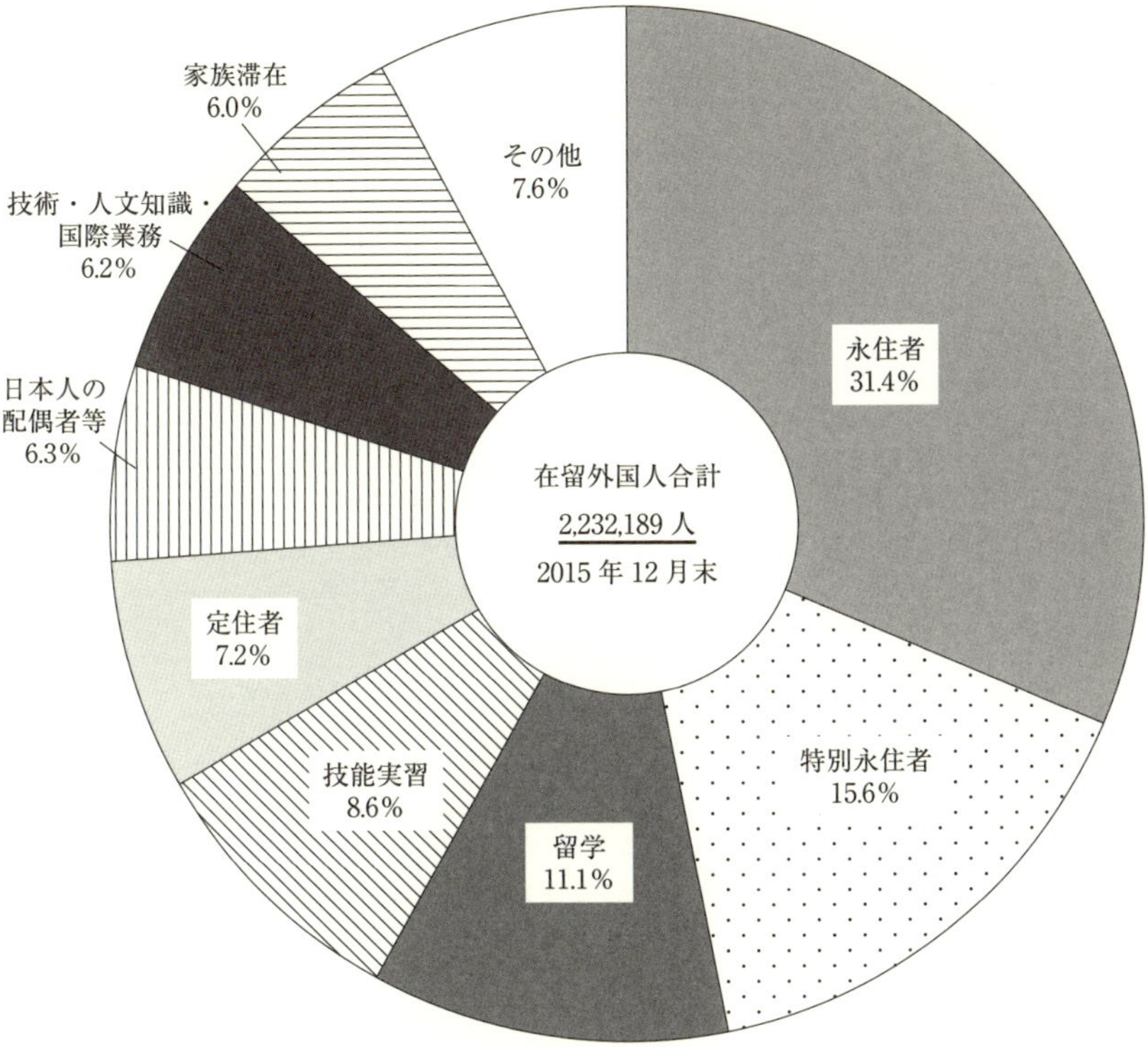

出所：法務省「在留外国人統計」（2015 年 12 月末）より郭潔蓉が作成。

〔執筆者〕

五十嵐 ゆかり（いがらし　ゆかり）
聖路加国際大学大学院看護学研究科ウィメンズヘルス・助産学准教授
主要業績に、「第3章第3節 在日外国人の母子保健」（有森直子編著『母性看護学Ⅰ概論』医歯薬出版、2015年）、「日本における難民女性のリプロダクティブヘルスの現状」（『日本助産学会誌』24（2）、2014年）など。

渡辺 幸倫（わたなべ　ゆきのり）
相模女子大学学芸学部教授
主要業績に、「国際結婚家庭の子育て戦略――韓国在住韓日カップルの日本人『父親』と『母親』の語りから」（藤田ラウンド幸世、宣元錫との共著、『相模女子大学紀要』79、2015年）、「日本の多文化家庭の子育て課題――中国人、韓国人を妻とした日本人夫の語りから」（川村千鶴子編著『多文化社会の教育課題――学びの多様性と学習権の保障』明石書店、2014年）など。

齋藤 俊輔（さいとう　しゅんすけ）
大東文化大学外国語学部特任講師
主要業績に、『インディア領の成立とポルトガル人の定住――ポルトガルのアジア進出史の再検討』（大東文化大学東洋研究所、2016年）、「在日ブラジル人学校における日本語教育の現状――N校における江副式日本語教授法の導入を事例に」（『大東アジア学論集』13、2013年）など。

長谷部 美佳（はせべ　みか）
東京外国語大学世界言語社会教育センター特任講師
主要業績に、『多文化社会読本――多様なる世界、多様なる日本』（編著、東京外国語大学出版会、2016年）、「インドシナ難民家族の高校進学と支援者の役割」（川村千鶴子編著『多文化社会の教育課題――学びの多様性と学習権の保障』明石書店、2014年）など

郭 潔蓉（かく　いよ）
東京未来大学モチベーション行動科学部教授
主要業績に、「異文化におけるダイバーシティマネジメント――プノンペン経済特区の事例研究から」（日本比較文化学会関東支部編『交錯する比較文化学』開文社、2016年）、『グローバル教育の現在（いま）』（共著、ムイスリ出版、2015年）など。

藤巻 秀樹（ふじまき　ひでき）
北海道教育大学教育学部国際地域学科教授
主要業績に、「パリ同時多発テロとフランスの移民問題」（『日仏政治研究』10、2016年）、『移民列島ニッポン——多文化共生社会に生きる』（藤原書店、2012年）など。

川野 幸男（かわの　ゆきお）
大東文化大学経済学部教授
主要業績に、「ヒスパニックのアメリカ『同化』——民族・世代間婚を指標として」（『経済研究』27、大東文化大学経済研究所、2014年）、「婚姻によるメキシカン・マイノリティ同化の実態——対数線形モデルによる民族・世代間結婚の分析」（『年報社会学論集』24、関東社会学会、2011年）など。

錦田 愛子（にしきだ　あいこ）
東京外国語大学アジア・アフリカ言語文化研究所准教授
主要業績に、『移民／難民のシティズンシップ』（編著、有信堂高文社、2016年）、「パレスチナ人のグローバルな移動とナショナリズム——『中心』を相対化する『周辺』の日常実践」（三尾裕子・床呂郁哉編『グローバリゼーションズ——人類学、歴史学、地域研究の現場から』弘文堂、2012年）など。

池田 丈佑（いけだ　じょうすけ）
富山大学人間発達科学部准教授
主要業績に、『難民・強制移動研究のフロンティア』（編著、現代人文社、2014年）、『英国学派の国際関係論』（編著、日本経済評論社、2013年）など。

上野 友也（かみの　ともや）
岐阜大学教育学部准教授
主要業績に、『戦争と人道支援——戦争の被災をめぐる人道の政治』（東北大学出版会、2012年）など。

新垣 修（あらかき　おさむ）
国際基督教大学教養学部教授
主要業績に、*Refugee Law and Practice in Japan*（Ashgate, 2008）, "Non-state Actors and UNHCR's Supervisory Role in International Relations"（James C. Simeon ed., *The UNHCR and the Supervision of International Refugee Law*, Cambridge University Press, 2013）など。

杉木 明子（すぎき　あきこ）
神戸学院大学法学部教授
主要業績に、『国際関係のなかの子どもたち』（共著、晃洋書房、2015年）、『地域紛争の構図』（共著、晃洋書房、2013年）など。

久保山 亮（くぼやま　りょう）
専修大学人間科学部兼任講師
主要業績に、「ドイツにおける選別的移民政策——過去10年の移民政策改革を振り返る」（小井土彰宏編『移民受入の国際社会学』名古屋大学出版会、近刊）、「5つの滞在正規化レジーム——ヨーロッパ15ヵ国とEUの非正規滞在・就労への『正規化政策』の比較」（近藤敦ほか編『非正規滞在者と在留特別許可——越境者たちの過去、現在、未来』日本評論社、2010年）など。

藤本 俊明（ふじもと　としあき）
武蔵野大学教養教育リサーチセンター客員准教授、難民研究フォーラム世話人
主要業績に、『テキストブック国際人権法』（共著、日本評論社、2015年）、『人権政策学のすすめ』（共著、学陽書房、2003年）など。

森谷 康文（もりたに　やすふみ）
北海道教育大学教育学部国際地域学科准教授
主要業績に、「オーストラリアの難民定住支援施策における新自由主義の影響に関する一考察」（『移民政策研究』8、2016年）、「難民の健康問題——健康の社会的決定要因の視座から」（墓田桂ほか編著『難民・強制移動研究のフロンティア』現代人文社、2014年）など。

〔編著者〕

小泉 康一（こいずみ こういち）
大東文化大学国際関係学部教授
主要業績に、『グローバル時代の難民』（ナカニシヤ出版、2015年）、*Urban Refugees: Challenges in Protection, Services and Policy*（Gerhard Hoffstaedterとの共編著、Routledge, 2015）など。

川村 千鶴子（かわむら ちずこ）
大東文化大学環境創造学部教授
主要業績に、『多文化都市・新宿の創造――ライフサイクルと生の保障』（慶應義塾大学出版会、2015年）、『多文化社会の教育課題――学びの多様性と学習権の保障』（編著、明石書店、2014年）など。

多文化「共創」社会入門
――移民・難民とともに暮らし、互いに学ぶ社会へ

2016年10月31日 初版第1刷発行

編著者――――小泉康一・川村千鶴子
発行者――――古屋正博
発行所――――慶應義塾大学出版会株式会社
〒108-8346 東京都港区三田2-19-30
TEL〔編集部〕03-3451-0931
〔営業部〕03-3451-3584〈ご注文〉
〔 〃 〕03-3451-6926
FAX〔営業部〕03-3451-3122
振替 00190-8-155497
http://www.keio-up.co.jp/
装 丁――――後藤トシノブ
印刷・製本――株式会社加藤文明社
カバー印刷――株式会社太平印刷社

Printed in Japan ISBN 978-4-7664-2371-6

慶應義塾大学出版会

多文化都市・新宿の創造

ライフサイクルと生の保障

川村千鶴子 著

「日本で最も外国人の集まる街」＝「新宿」の外国人問題について長年にわたりフィールドワークを続けてきた著者が、「都市と市民のグローバル化」の実態と経験を「ライフサイクル」の視点で描き出す。貴重なエピソードが満載。

A5判／上製／424頁
ISBN 978-4-7664-2266-5
◎5,500円　2015年11月刊行

◆主要目次◆

表示価格は刊行時の本体価格（税別）です。